Karen Pietsch

Glücksorte im Kraichgau

Mit Stromberg-Heuchelberg

Dieses

Glücksbuch

ist für

Liebe Glücksuchende,

das berühmte Kloster Maulbronn zieht jährlich Hunderttausende an, doch die Gegend zwischen Odenwald und Nordschwarzwald, Rheinebene und Neckar bietet noch so viel mehr. In diesem Büchlein nehme ich Sie mit auf einen abwechslungsreichen Streifzug durch das „Land der 1000 Hügel", in dem es vermutlich ebenso viele Möglichkeiten gibt, seinen ganz persönlichen Glücksort zu finden. Es gibt zahlreiche Plätze mit fantastischen Ausblicken, man kann sich in einem bezaubernden Hexenhaus kräutrige Düfte um die Nase wehen und sich im Bruchsaler Schloss von eindrucksvollen Klängen aus teilweise raumhohen Musikautomaten faszinieren lassen. Man kann mit Alpakas auf Kuschelkurs gehen, in Wäldern baden und in idyllische Streuobstwiesenlandschaften eintauchen. Man kann in „Besen" essen und „Seelenschmeichler" trinken. Und nicht zuletzt kann man sich hier auch überraschen lassen, denn glückliche Strauße, asiatische Gartenkunst und goldfarbene Sandstrände hätte man im Kraichgau-Stromberg wohl nicht zuallererst gesucht. Und dennoch kann man all dies und noch viel mehr genau hier finden. Ich wünsche Ihnen unzählige Glücksmomente bei Ihren Entdeckungstouren und hoffe, bei meiner Auswahl ist auch etwas für Sie dabei!

Ihre Karen Pietsch

Deine Glücksorte ...

… noch mehr Glück für dich

Einfach zauberhaft

1 La Fleurie – Blumen und Besonderes in Großvillars

Es gibt Orte, die einen unmittelbar verzaubern. So muss es Katrin Da Silva ergangen sein, als sie das ehemalige Waldenser-Hofgut das erste Mal sah. Schockverliebt trifft es wohl am ehesten, und an eine Heimfahrt ohne Kaufzusage war nicht mehr zu denken. Ein riesiger Garten mit ebenso riesigen Möglichkeiten, sich kreativ auszutoben, plus Haus – was wollte die gelernte Floristin mit ausgeprägter Gartenleidenschaft noch mehr. Ihr Mann war es dann schließlich, der ihr mit seinem handwerklichen Geschick und Überzeugungskraft den liebevollen Schubs in Richtung Selbstständigkeit gab. Als Remise und Hof nach der Restaurierung wieder in neuem altem Glanz erstrahlten, stand auch für sie die Entscheidung fest: Wir eröffnen einen Blumenladen! Mit nur so sprudelnden Ideen und einem guten Bauchgefühl ausgestattet, wurde aus dem ursprünglichen Eigenheim mit Platz ein Platz für Blumenfreunde und Menschen, die das Schöne genauso lieben wie Katrin Da Silva und ihr Mann. Neben kreativ arrangierten Sträußen, bewährten Topfpflanzen, an denen man sich zu Hause lange erfreuen kann, findet man auch Besonderes, an dem die Ladenbesitzerin selbst einfach nicht vorbeigehen konnte, wie beispielsweise mundgeblasene Vasen aus Altglas oder Kleinmöbel mit dem „gewissen Etwas“.

TIPP
Am Ende der Straße beginnt ein wunderschönes Wandergebiet zu Füßen des Derdinger Horns.

Es ist ohne Übertreibung ein wirklich charmanter, zauberhafter Ort, der vor Schönheit und Lebendigkeit, Farben und Formen nur so sprüht. Man könnte sich stundenlang aufhalten und hätte in Hof, Remise, Scheune und Schaugarten lange nicht alles gesehen. Jede Pflanze, jedes Ausstellungsstück wird von ihr so liebevoll in Szene gesetzt, dass einem beim Anblick einfach das Herz aufgeht. Die Einfälle hat meist sie und er das Bautalent, wie das blumenbepflanzte „Gartenbadezimmer“ eindrücklich zeigt. Für die Zukunft sind noch ein Selbstbedienungskatzencafé und ein Bed & Breakfast geplant. Man darf sich also überraschen lassen und vorerst der Blumenkünstlerin bei ihrem Wirken beeindruckt über die Schulter schauen.

● La Fleurie – Blumen und Besonderes, Freudensteiner Straße 8, 75038 Oberderdingen-Großvillars, Tel. (01 73) 8 54 22 33, www.la-fleurie.de
● ÖPNV: Haltestelle Kirche, Haltestelle Wilfenberg (von dort 5 Minuten Fußweg)

Zu Gast bei Vogel Strauß

2

Straußenhof Gottesau in Helmsheim

Afrika und der Kraichgau haben eine Gemeinsamkeit: In beiden Regionen dieser Erde leben Strauße. Wenn man in Helmsheim, einem beschaulichen Ort nahe Bruchsal, am kleinen Bahnhof aussteigt, wird man meist schon aus ein paar Metern Entfernung aufmerksam beäugt. Entweder von Franz-Josef, einem etwa 140 Kilogramm schweren Prachtexemplar seiner Art, oder aber von den Hennen aus seinem Harem. Es sind nur ein paar Schritte von der Haltestelle, und dann steht man den majestätischen Tieren, lediglich durch einen Zaun getrennt, vis-à-vis gegenüber. Der imposante Hahn macht augenblicklich Eindruck, wenn er mit weit auseinandergespreizten Flügeln am Zaun entlangstolziert. Ausgesprochen wachsam ist er immer dann, wenn die Großfamilie Nachwuchs hat und der Vater seine Küken nicht für einen Moment aus den Augen lässt.

TIPP

Übernachtungen im Camper sind auf dem Hof ebenfalls möglich.

Wenn man übrigens von der Anzahl an Eiern auf die Höhe des Straußenglückes schließt, dann muss der sonnenverwöhnte Kraichgau ein absoluter Glücksort für die gefiederte Familie sein, denn davon gibt es in jedem Jahr reichlich, sehr zur Freude vieler Menschen mit Hühnereiallergie und auch anderer Interessenten. Zudem kann es wohl kein größeres Glück geben, als liebevoll gehegt und gepflegt auf diesem Hof alt zu werden. Und das dürfen die Tiere hier, denn Straußenfleisch gibt es im Hofladen ausdrücklich nicht. Dafür aber Eier, die je nach Jahreszeit und saisonalem „Delikatessenangebot" ganz verschieden schmecken, wie die „Straußenmama" zu berichten weiß. Die Tiere fressen neben ihrem Hauptfutter nämlich alles, was sich auf dem 1,2 Hektar großen Gelände so an Leckereien auf der Wiese und unter den Bäumen finden lässt.

Doch nicht nur Straußenprodukte wie die besagten Eier, Federn, Eierlikör und Kunsthandwerk locken Menschen auf den Hof, auch individuelle Führungen sind sehr beliebt. Im Spätsommer kann man Franz-Josef bei dieser Gelegenheit zu seinen Vaterfreuden gratulieren. Ach, was sind die flauschigen Federknäuel süß! Insgesamt also ein Ausflug, der beflügelt.

● Straußenhof Gottesau, In der Gottesau 15, 76646 Bruchsal-Helmsheim, Tel. (01 76) 55 60 17 99, www.gottesau.de
● ÖPNV: Haltestelle Helmsheim Bahnhof

Chillen bis zum Abendrot

3 Sternle am Schlossbergturm in Sternenfels

59 Stufen und 220 Schritte sind es vom unteren Parkplatz aus, dann ist man oben. Ja, in Sternenfels kann man gleich in dreierlei Hinsicht hoch hinaus. Den Anfang macht die Ortschaft selbst, die als eine der höchstgelegenen Gemeinden im hiesigen Naturpark zählt. Dann ist da dieser stolze Berg, und ganz obendrauf thront ein 14-Meter-Turm, der, obwohl er in diesem Stil gebaut, erstaunlicherweise kein Bergfried ist. Neben seiner Hauptaufgabe als Wasserspeicher ist er heutzutage auch Heimat eines kleinen Museums mit Ausstellungsstücken zur Geologie und Geschichte des ehemaligen Sandbauerdorfes und der Herren von Sternenfels.

Doch nicht nur die Exponate locken nach drinnen, die Aussicht auf Aussicht zieht ebenfalls magisch an und lässt Jung und Alt die Stufen schwungvoll erklimmen. Und tatsächlich – alle Anstrengung ist beim Ausblick von dort oben schlagartig vergessen. Ungehindert schweift der Blick in die Ferne, gleitet über die Rheinebene hinweg, streift die Vogesen zur Linken und den Odenwald zur Rechten. Traumhaft!

TIPP

Es gibt auch eine Parkplatzalternative ohne Stufen, die Saison geht von April bis Ende Oktober.

Noch traumhafter ist es, am Fuße des Turmes bei fast ebenso grandiosem Panoramablick auf eine Paletten-Lounge gelümmelt der Sonne beim Beenden ihres Tagwerkes zuzusehen. Mit einem roséfarbenen „Sternles Sundowner“ in der Hand, der selbstverständlich aus der direkten Nachbarschaft stammt, und ein paar einfachen, kleinen Köstlichkeiten im Magen kann man den Abschied vom Tag zufrieden wagen.

Zweifelsohne hat der von alten Bäumen beschattete Biergarten für Wanderer, Fahrradfahrer und sonstige Ausflügler vor allem bei schönem Wetter seinen Reiz, doch dank des vollverglasten Kioskanbaus samt Bollerofen lässt es sich hier auch an unfreundlicheren Tagen von donnerstags bis sonntags gemütlich sitzen. Für die Kleinen, die oftmals lieber toben als sitzen, ist das großzügige Spielgelände mit Kletterturm sicherlich das Größte.

- Sternle am Schlossbergturm, Schlossberg 2, 75447 Sternenfels, Tel. (01 79) 2 00 28 66, www.sternle-am-schlossbergturm.de
- ÖPNV: Haltestelle Sternenfels Rathaus (von dort 10–15 Minuten Fußweg)

Immer dem Wurm hinterher

4 Streuobsterlebnis Sulzfeld

O wie schön! Eine saftig grüne Streuobstwiese erfreut nicht nur das Auge, sondern auch das Gemüt und ein entspannter Spaziergang durch diese reizvolle Landschaft gehört unbedingt auf das familiäre Ausflugsprogramm. Das Streuobsterlebnis Sulzfeld liegt im Herzen des Kraichgauer Hügellandes und ist für Naturbegeisterte und an der Gegend Interessierte ein Muss, sind doch Streuobstwiesen so typisch für den Kraichgau wie Nadelbäume für den Schwarzwald.
Am Willkommensschild werden die kleinen und großen Besucher vom „sprechenden" Apfelwickler, einem süßen Wurm, begrüßt und auf eine erlebnisreiche Rundreise durch die Welt der Streuobstwiese mitgenommen. Der etwa 2 Kilometer lange Weg, für den man großzügig 1,5 bis 2 Stunden Zeit einplanen sollte, führt an insgesamt zwölf Stationen vorbei, hinter denen sich so manch Rätselhaftes, Spannendes und überaus Lehrreiches verbirgt. Auf dem Weg summt und brummt es überall, man hört Vogelgezwitscher und dazwischen immer mal wieder beglücktes Kinderlachen. Die Kleinen können das wilde Getümmel auf der Wiese bei einem Flug mit der Wiesenseilbahn aus der Vogelperspektive erleben. Ein ungewöhnliches Erlebnis, das den „Passagieren" hörbar Spaß macht.

TIPP
Der Burg Ravensburg einen Besuch abstatten und im dortigen Restaurant essen gehen.

Wer zwischendrin eine Pause einlegen und das bisher Erfahrene in aller Ruhe nochmals Revue passieren lassen möchte, der findet auf dem Weg unzählige Sitzgelegenheiten und mehrere einladende Bänke. Lässt man beim Rasten den Blick in die Ferne schweifen, dann eröffnen sich an vielen Stellen herrliche Ausblicke auf die nahe gelegene Ravensburg und das weitläufige Land. Sehr schön ist der Besuch sicherlich zwischen April und Mai, wenn die Bäume in voller Blüte stehen und man als Besucher noch sonnenhungrig die Nase beglückt gen Himmel streckt. Am Ende des Rundweges können es die Kinder dann dem Apfelwickler gleichtun und durch einen aufgestellten riesigen Holzapfel klettern. Ein sportlicher Abschluss eines gelungenen Ausflugs.

- Streuobsterlebnis Sulzfeld, 75056 Sulzfeld, Parkplatz am Ortsausgang in Richtung Ochsenburg
- ÖPNV: Haltestelle Sulzfeld (Baden) Bahnhof (von dort rund 20 Minuten Fußweg durch den Ort)

Wer singt denn da?

Wohltuendes weißes Gold

5 Totes-Meer-Salzgrotte in Bad Schönborn

Man muss nicht ans Meer fahren, um in Salzwasser zu baden und reine, salzhaltige Luft zu atmen. Man muss dafür noch nicht einmal den schönen Kraichgau verlassen, denn glücklicherweise gibt es hier einen Ort, an dem dies beides möglich ist. In den 1970er-Jahren wurde in Bad Schönborn die Sankt-Lambertus-Quelle erschlossen und seither sprudelt zuverlässig warmes Solewasser aus 637 Meter Tiefe und speist seit beinahe ebenso langer Zeit die attraktive Badelandschaft des ortsansässigen Thermariums.

Somit wäre schon einmal geklärt, wie das Salz ins Wasser kommt, aber wie kommt es in die Luft? Nun, hierfür hat man sich im Wellness- und Gesundheitspark etwas ganz Besonderes einfallen lassen. Nicht weniger als 18 Tonnen Totes-Meer-Salz aus Jordanien, in Form von Salzziegeln, wurden in der eigens dafür gestalteten Grotte sowohl an den Wänden als auch auf dem Boden verbaut und sorgen so durch die hohe Luftlöslichkeit für das wohltuende Mikroklima.

TIPP

Reservierungen sind für alle Grottenbesuche notwendig. Kein Parfum auftragen!

Ein 45-minütiger Besuch der nach wie vor größten Totes-Meer-Salzgrotte in Baden-Württemberg ersetzt in puncto gesundheitsförderlicher Wirkung einen dreitägigen Aufenthalt am Meer. Unglaublich, aber wahr! Hat man sich erst einmal in ganz normaler Alltagskleidung auf einer der bequemen Liegen niedergelassen, so kann das Abschalten und Durchatmen beginnen. Abgeschirmt von der Außenwelt fühlt man sich in der Höhle geborgen, und nach nur wenigen Minuten dämmert man bei angenehmen 23 Grad und gedämpftem Licht förmlich dahin. Die sanften Klänge im Hintergrund nimmt man schon bald kaum noch wahr, und mit jedem Atemzug wird die Entspannung tiefer. Am Ende der Sitzung fällt es wirklich schwer, seinen Platz zu räumen, so gerne würde man ein wenig länger bleiben. Bei Buchung der INTENSIV-Salzgrotte wird zusätzlich Sole vernebelt.

In der kleinen Grotte mit ihrem „Salzkasten“ können Familien mit Kindern das Therapeutische und Spielerische wunderbar verbinden. Und danach? Als Anschlussprogramm bietet sich der benachbarte Sole-Aktiv-Park an.

● Totes-Meer-Salzgrotte im Thermarium, Wellness- und Gesundheitspark, Kraichgaustraße 14, 76669 Bad Schönborn, Tel. (0 72 53) 8 02 70
www.bad-schoenborn.de/de/Thermarium
● ÖPNV: Haltestelle Thermarium

Süße Kinderträume

6 Bonbon-Museum in Vaihingen/Enz

Ziemlich unscheinbar sieht das Gebäude von außen aus. Hier soll eine Bonbonausstellung sein? Ja, in der Tat. Und das ist noch nicht alles. Hinter der eher nüchternen Fassade verbergen sich sogar gleich zwei lohnenswerte Adressen, denn neben dem Museum selbst ist hier auch der Werksverkauf Gummibärenland der Firma Jung zu Hause. Sehr praktisch! Das Bonbon-Museum ist deutschlandweit das einzige seiner Art und gibt auf einer Fläche von 300 Quadratmetern interessante Einblicke in die Geschichte, die Herstellung und den Vertrieb des beliebten Zuckerwerks.
Man begibt sich auf eine kleine Reise durch Raum und Zeit, beginnend im Vorderen Orient, wo das Bonbon im 8. Jahrhundert erfunden wurde, und endet im Europa des 20. Jahrhunderts mit seiner industriellen Bonbonproduktion. Riesige, eindrucksvolle Maschinen zeugen davon, dass die „Gutsel" schon vor über 100 Jahren nicht mehr ausschließlich in aufwendiger Handarbeit hergestellt werden mussten. Dadurch wurden sie auch für das „gemeine Volk" erschwinglich und waren fortan in entsprechenden Ladengeschäften käuflich zu erwerben. Die Originaleinrichtung eines Kolonialwarenladens aus Stuttgart, in dem die Waren der Firma Jung bis zur Schließung im Jahre 1990 erfolgreich vertrieben wurden, zählt für viele Besucher zu den Höhepunkten des Museums – zumindest für Erwachsene.
„Ach Omi, wenn ich doch nur all diese leckeren Bonbons haben könnte", träumt ein kleines Mädchen hörbar mit Blick auf den prall gefüllten Musterkoffer eines ehemaligen Handlungsreisenden und hüpft dann fröhlich weiter. Eigene Kindheitserinnerungen werden wach, wenn man die farbig bedruckten Dosen sieht, in denen die Lieblingspastillen und Drops früher angeboten wurden. Wer wissen möchte, wie die Füllung ins Innere kommt und wie das Bonbon ins Papier gewickelt wird, der sollte sich im Museum unbedingt den kurzen Beitrag der „Sendung mit der Maus" ansehen, denn die Maus hat dies schon vor vielen Jahren direkt vor Ort in der Produktion in Vaihingen erfahren.

- Bonbon-Museum, Industriestraße 9–11, 71665 Vaihingen/Enz-Kleinglattbach, Tel. (0 71 41) 6 43 50, www.bonbon-museum.de
- ÖPNV: Haltestelle Vaihingen/Enz Nordbahnhof

Bertsche's
Brust-
Caramellen
Henko
HUSTELINCHEN

Bahnnostalgie pur

7

Fahrt mit der Krebsbachtalbahn

Nein, es ist kein Zug! Zumindest im strengeren Sinne nicht. Der herrlich nostalgische Schienenbus aus den Wirtschaftswunderjahren der 1950er und 1960er heißt zwar „Roter Flitzer", zuckelt insgesamt jedoch eher gemütlich durch das liebliche Krebsbachtal. Für Bahnfreunde ein absolutes Muss, es erfreuen sich aber auch jedwede Ausflügler an der beschaulichen Fahrt von Neckarbischofsheim Nord im Kraichgau bis nach Hüffenhardt im kleinen Odenwald. Maximal 60 Stundenkilometer schafft der knallrote historische Triebwagen auf gerader Strecke, doch ist das auf den „17 Kilometern einfach" nur ganz selten der Fall. Es ist insgesamt eine wunderbar gemächliche Fahrt von etwa 25 Minuten mit einigen Kurven, dicht an die Schienen gebauten Häusern und Straßenquerungen.

TIPP

Die nahe gelegene Siegelsbacher Mühle und das Fünfmühlental sind einen Abstecher wert.

Man hat Zeit und Gelegenheit, die Schönheit der Landschaft in sich aufzunehmen und den sichtlich begeisterten Menschen entlang der Strecke huldvoll zuzuwinken. Bewaldete Abschnitte, freie Wiesenflächen, bestellte Felder und immer wieder kleine Ortschaften ziehen an einem vorbei. Dadurch, dass der Führerstand nicht vom Fahrgastraum mit seinen blauen Sitzbänken und den fröhlich gelben Gardinen abgetrennt ist, kann man dem Fahrer bei seiner schönen Arbeit fortwährend „über die Schulter schauen" und hat somit ungewohnt freien Blick auf Gleise und Signale.

Eine weitere Besonderheit sind die umklappbaren Rückenlehnen, die den Blick in Fahrtrichtung für ausnahmslos jeden möglich machen. Die Polsterung der Sitze war schon damals ausgesprochen komfortabel und setzte sich von der Holzklasse in den Dampflokzügen erfreulich ab. Kinder sind im Schienenbus übrigens gern gesehene Gäste. Falls die Möglichkeit dazu besteht, dürfen sie auf dem Platz direkt neben dem Fahrer sitzen und auf Wunsch auch mal eigenhändig „tuten". Dieses wunderbar nostalgische Geräusch ist auf dieser Fahrt nicht nur für die Kleinen das absolute Tüpfelchen auf dem i.

● Krebsbachtalbahn, möglicher Start der Bahnfahrt: Neckarbischofsheim Nord, genauer Fahrplan auf www.krebsbachtal-bahn.de
● ÖPNV: Haltestelle Neckarbischofsheim Nord

WIR WOLLEN WULLE

Der Besen weist den Weg

8 Schülke's Hof im Kirbachtal

Im lieblichen Kirbachtal liegt der Hof der Familie Schülke und damit auch ihr Besen. Besenwirtschaften blicken auf eine lange Geschichte zurück und sind für den Kraichgau-Stromberg so typisch wie die Hügel. Schon 791 verfügte Karl der Große per Erlass, dass auch Bauern ohne Schankkonzession Durstigen eigenen Wein kredenzen durften. Ein sichtbar am Anwesen aushängender Kranz wies den Weg. Irgendwann wurde das Runde zum Besen und so laden heutzutage die praktischen Kehrgeräte an den Öffnungstagen auf ein Gläschen ein.
Hängt der Besen draußen, so gibt es bei den Schülkes neben den hauseigenen Weinen mit so klangvollen Namen wie „Herzenswärmer" und „Seelenschmeichler" auch bodenständige Hausmannskost, die im kleinen Familienbetrieb vom Hausherrn höchstpersönlich zubereitet wird. Wechselnde Tagesgerichte sorgen für Abwechslung und Überraschung. Es ist einfach schön, hier Gast zu sein, denn an jede Altersgruppe mit ihren speziellen Bedürfnissen wurde gedacht, und damit sind nicht nur die Portionsgrößen gemeint. Stehen bei den Großen der Wein und das gute Essen ganz klar im Vordergrund, bekommen die Kleinen beim Anblick der vielen und meist selbst gebauten Spielgeräte leuchtende Augen.
Ohne Übertreibung: Der Hof ist das reinste Kinderparadies! Hier dürfen sie auf einem selbst gebauten Holzpferd „reiten", einen ausrangierten Traktor „fahren" oder aber in der Strohhüpfburg nach Herzenslust toben. Derweil können die Eltern, Omas und Opas in aller Ruhe den angegliederten Laden durchstreifen und ihre Favoriten-Weine und weitere hofeigene Köstlichkeiten wie selbst gebackenes Brot und leckere Aufstriche kaufen. Auch kleine Geschenkartikel warten nur darauf, mitgenommen zu werden und jemandes Herz zu erfreuen. Familien, die gerne etwas länger bleiben, das reizvolle Kirbachtal ausführlicher erkunden und unvergessliche Bauernhoferlebnisse mit nach Hause nehmen möchten, fühlen sich in der gemütlich eingerichteten Ferienwohnung sicherlich rundum wohl.

TIPP

An den Öffnungstagen findet sonntags für die Kinder Ponyreiten statt.

● Schülke's Hof, Bromberghöfe 1, 74343 Sachsenheim-Ochsenbach, Tel. (0 71 47) 27 61 81, www.schuelke-hof.de
● ÖPNV: Haltestelle Brombergerhöfe

Hofladen
Besenwirtschaft
Ferienwohnungen
Pensionspferde
Schülke's
www.schuelke-hof.de
Hofladen

Ingenieurskunst im Ländle

9

Enzviadukt in Bietigheim

Es ist schon erstaunlich, was Menschenhände erschaffen können. Das Enzviadukt bei Bietigheim-Bissingen ist so ein leuchtendes Beispiel grandioser Baukunst. Nötig wurde diese zur Realisierung der „Westbahn“, der ersten Eisenbahnverbindung zwischen Württemberg und Baden, da man auf dem Teilabschnitt Bietigheim–Bruchsal das an dieser Stelle tief eingeschnittene Enztal mit einer gewagten Konstruktion überbrücken musste. 1851 begann man dann schließlich mit den Arbeiten zum steinernen Viadukt, das sich seit der Fertigstellung mit beeindruckenden 287 Meter Länge und rund 33 Meter Höhe über das fließende Gewässer spannt. Ganze 21 Bögen in zwei Reihen kann man über die Gesamtlänge zählen.

Besonders imposant sieht das Bauwerk einmal jährlich aus, wenn die Bögen zum Abschluss des Bietigheimer Pferdemarktes in bengalisches Licht getaucht werden. Einfach magisch! Doch auch unterjährig löst die Sehenswürdigkeit regelmäßig Begeisterung aus, und es macht einfach große Freude, mit Blick auf die beeindruckende Eisenbahnbrücke durch den herrlich angelegten Bürgergarten zu flanieren.

Wer Lust hat, das Meisterwerk menschlicher Ingenieurskunst vom Wasser aus zu bewundern, kann sich am Garten-Kiosk gegenüber dem unübersehbaren Spielturm ein Tretboot mieten und so oft unter der Brücke hindurchschippern, wie es das Herz begehrt. Schlendert man den Weg entlang der Enz zu Fuß weiter, so stößt man nach wenigen Metern auf einen zünftigen Biergarten, in dem es sich gut pausieren lässt, bevor man den Rückweg einschlägt und der malerischen Altstadt Bietigheims mit ihren mittelalterlichen Häusern und Gassen einen ausgedehnten Besuch abstattet. Kunstinteressierte werden beim Bummel durch die Stadt sicherlich gleich mehrere Glücksmomente erleben, denn das eine oder andere ku(h)riose Kunstwerk lässt sich beim Rundgang ganz nebenbei und „open air“ ebenfalls entdecken.

TIPP

Im Schlosshof sitzt man sehr gemütlich und kann selbst gebrautes Bier vom „Rossknecht“ verkosten.

- Enzviadukt, 74321 Bietigheim-Bissingen
- ÖPNV: Haltestelle Bietigheim-Bissingen Bahnhof, Haltestelle Bahnhof/ZOB Bietigheim-Bissingen (von dort jeweils rund 15 Minuten Fußweg)

Kleine Auszeit

10 Im Landcafé Leinberger in Zaberfeld

Das Landcafé Leinberger im STROMBERGHOF in Zaberfeld ist der perfekte Ort für eine kleine Auszeit. Das Haus mit dem warmen Farbanstrich sowie den leuchtend blauen Fensterläden könnte gut und gerne in der Provence stehen und dort träumt man sich beim Anblick des Gebäudes auch geradewegs hin. Während man noch in schönen Gedanken schwelgt, fangen die Füße bereits wie von selbst an zu laufen und schon ist man drin und steht vor einer riesigen gläsernen Theke voller süßer Versuchungen. Die Kuchen und Torten sind alle hausgemacht und sehen so verführerisch aus, dass die Wahl nicht gerade leicht fällt. Auch dem Eis und den raffinierten Pralinenkreationen kann man nur schwer widerstehen, aber das muss man ja auch nicht! Im Urlaub möchte man sich schließlich selbst verwöhnen und ein Besuch im STROMBERGHOF fühlt sich ein kleines bisschen an wie Urlaub.

Wer den Weg ins Landcafé bereits zur frühen Stunde findet, darf sich über eine umfangreiche Frühstückskarte freuen und je nach Lust und Laune „kulinarisch reisen". Man kann beispielsweise einen äußerst delikaten „Morgenausflug" nach Sylt, in die Alpenregion, nach Italien oder Frankreich „buchen" oder man bleibt vor Ort und bestellt das „STROMBERGHOF Deluxe" – in diesem Fall kann man von fast allem probieren. Genießt man das Frühstück dann noch auf der hübschen Außenterrasse und blickt auf leuchtendes Grün und farbenfrohe Stauden, ist das Glück perfekt. Kein Wunder, dass man ausschließlich zufriedene Gesichter um sich herum erblickt. Das Wohlfühlambiente wirkt!

Um den „Mini-Urlaub" nach dem Besuch gebührend abzurunden, kann man einen Spaziergang zum nahe gelegenen Stausee Ehmetsklinge unternehmen und den zahlreichen Gänsen und Enten beim entspannten Gründeln zusehen. Oder man legt einen lohnenswerten Abstecher ins direkt am See gelegene Naturparkzentrum Stromberg-Heuchelberg ein. Auch eine gute Idee!

TIPP

Sonn- und feiertags ist das große Frühstücksbuffet sehr beliebt. Unbedingt reservieren!

- Landcafé Leinberger im STROMBERGHOF, Schillerstraße 36, 74374 Zaberfeld, Tel. (0 70 46) 8 84 73 60, www.stromberghof.de
- ÖPNV: Haltestelle Zaberfeld Leonbronner Straße

Landcafé Leinberger

Wellnessparadies für zwei

11

Allein zu Zweit in Bad Schönborn

Das ist purer Luxus – ein Wellnessparadies nur für zwei. Hier muss sich niemand über störende Gespräche in der Sauna ärgern, niemand aufgrund des Schnarchens eines fremden Liegestuhlnachbars aus seiner Versenkung auftauchen, denn im Spa der Jourdans ist man allein zu zweit. Anfänglich war alles eine Schnapsidee von Freunden, die dem Ehepaar rieten, den immer schöner werdenden privaten Wellnessbereich zeitweise auch an anderweitige Ruhesuchende und Erholungsbedürftige zu vermieten.

Mittlerweile ist aus der Idee ein Selbstläufer geworden und Termine zu bekommen gar nicht mehr so leicht. In aller Regel schon mehrere Monate im Voraus buchen sich die Gäste für ihren halbtägigen Miniurlaub hier ein und kommen gefühlt rundumerneuert und sehr entspannt wieder heraus. Kein Wunder, da sich jeder sein Wohlfühlprogramm selbst zusammenstellen darf. Ja sogar die Hitze der Innensauna stellt der Hausherr für seine Gäste nach deren Vorlieben ein.

TIPP

Kurzfristig frei gewordene Termine werden auf der Website (siehe Rubrik Terminanfrage) bekannt gegeben.

Beim Ankommen ist alles vorbereitet, die unzähligen Kerzen brennen zumeist, Handtücher liegen und Getränke stehen bereit und das Abschalten kann vom ersten Moment an beginnen. Im Innenbereich kann man sich beispielsweise im wohlig-warmen Wasser liegend von den Düsen der Whirlpool-Wanne sanft massieren lassen, den „Sternenhimmel" über dem Kopf, anschließend eine erste Runde saunieren und dann auf der Liegeinsel mit einem guten Buch in der Hand vollends zur Ruhe kommen.

Abkühlung findet man unter der Dusche oder im Außenbereich mit Blick auf den kleinen Teich, in den aus einem Miniwasserfall unablässig Wasser plätschert. Sollte es noch störende Alltagsgedanken gegeben haben, dann sind sie spätestens jetzt fortgespült. Sommers, wenn jeder gerne draußen weilt, ist der Freiluftjacuzzi sehr beliebt und auch der Holzofensauna im Garten wird spätestens dann ordentlich eingeheizt. Doch ganz egal, zu welcher Jahreszeit, ob draußen oder drinnen, ein Besuch im Allein zu Zweit ist eine Wohltat für Leib und Seele.

- Allein zu Zweit, Hauptstraße 25, 76669 Bad Schönborn-Langenbrücken, Tel. (0 72 53) 84 53 28 (AB), www.alleinzuzweit.net
- ÖPNV: Haltestelle Bad Schönborn Süd (von dort 5 Minuten Fußweg), Haltestelle Langenbrücken Ochsen

Entspannung
slow down & relax

Auf Bohlen durch das Moor

12

Im Weingartener Moor unterwegs

Moore sind mystische Orte, um sie ranken sich zahlreiche Erzählungen und alte Sagen. Dabei ist die Rede von Irrlichtern, Geistern und armen Seelen, die im Moor verschollen blieben. Die Geschichten, die man über das Weingartener Moor erzählen kann, sind nicht schauerlich, sondern speziell für Fledermaus, Libelle, Erdkröte, Zwergtaucher und Springfrosch äußerst erfreulich. Das seit 1940 unter Naturschutz stehende Niedermoor mit seinen offenen Wasserflächen ist in vielerlei Hinsicht einzigartig und für viele Tiere ein wertvoller Rückzugsort. Vor direkten Blicken geschützt, liegt es in der Nähe zur B3 im Grötzinger Bruchwald und ist für 14 einheimische Amphibienarten beliebtes Laichgebiet und in dieser Funktion, selbst auf europäischer Ebene, von unschätzbarem Wert. Auch Vogelliebhaber kommen gerne hierher, denn sogar stark gefährdete Spezies, wie die Tafelente beispielsweise, werden in diesem Naturschutzgebiet immer wieder gesichtet. Der Bohlenweg durch die wilde, ungezähmte Moorlandschaft ist für Kinder ein absolutes Highlight und führt auf Halbkreiskurs an der hölzernen Aussichtshütte vorbei. Wer an diesem Beobachtungspunkt ein Fernglas aus dem Rucksack zaubern kann, ist klar im Vorteil und erblickt auch weiter entfernteres Federtier und manches Detail, das dem Auge sonst verborgen bleibt.

TIPP

In der Alten Brauerei in Weingarten kann man in außergewöhnlichem Ambiente essen.

Geht man am Ende des Bohlenweges weiter westwärts und damit immer tiefer in den Wald hinein, so stößt man irgendwann auf kunstvoll geschnitzte Drachen, die sich natürlich über zahlreiche Bewunderer freuen. Wer eine Erfrischung nötig hat oder noch gerne ein paar Bahnen schwimmen will, der sollte sich vom Moor aus gesehen in nördlicher Richtung halten, denn dort erwartet einen ein großer Baggersee mit ausgewiesenem Badebereich. Der andere Teil vom See ist ausdrücklich den Tieren und Pflanzen vorbehalten und streng geschützt. Es gibt also einiges zu sehen und zu erkunden. Kinder werden den Aufenthalt im Grötzinger Bruchwald mit all den beschriebenen Sehenswürdigkeiten sicherlich lieben.

● Weingartener Moor, 76356 Weingarten, Parkplatz direkt an der B3 (von Grötzingen kommend), Zugang zum Moor auf der anderen Straßenseite

Ran an die Körbe

13

Märkte im Naturpark Stromberg-Heuchelberg

Rund fünfmal pro Jahr heißt es im Naturpark Stromberg-Heuchelberg: Ran an die Einkaufskörbe im Dienste des Erhalts der einzigartigen Kulturlandschaft. Aber gerne doch! Denn es kann keine entspanntere, sinnvollere und launigere Variante des Wochenendeinkaufs geben. Kein Schieben durch enge Gänge, kein Ärger über leere Regale, kein Schlangestehen vor der Kasse. Den Naturparkmarktbesucher erwarten hübsche Dorfstraßen und -plätze, eine breite Angebotspalette an regionalen Erzeugnissen und angeregte Gespräche mit Direktvermarktern, die sich natürlich freuen, wenn sie mit ihren Produkten überzeugen.

Man darf aber auch „nur zum Gucken" kommen, doch das wird sicherlich schwer. Selbst jene mit kurzem Einkaufszettel kehren zumeist mit vollen Taschen wieder zurück, zu verlockend sind die einladend präsentierten Waren und zu ansteckend ist die heitere Einkaufsatmosphäre. Von A wie Apfelsaft von den hiesigen Streuobstwiesen bis hin zu Z wie Ziegenkäse ist alles zu finden, und selbst verblüffende Entdeckungen wird es geben. Denn wer rechnet schon mit heimischem Safran, Knödeln aus der Dose oder mit Cassis aus einer kleinen, aber feinen Manufaktur in Brackenheim? Selbstverständlich gibt es jede Menge „Versucherle", die einfach zum Anbeißen sind. Da will man doch gar nicht widerstehen, und falls die Kostproben zu appetitanregend waren, dann legt man eben einen Zwischenstopp an einem mobilen Essensstand ein und lässt sich von den verlockenden Düften vollends verführen.

TIPP

Die Termine, Ausrichtergemeinden und Anbieterlisten sind auf der Website des Naturparks zu finden.

Mit zufriedenem Magen kann man danach ganz entspannt weiterschlendern und sich dem Nichtessbaren, dafür aber Kreativen, Schönen und Künstlerischen zuwenden. Eine willkommene Abwechslung! Die bietet darüber hinaus auch das bunte Rahmenprogramm in Form von Führungen, Ausstellungen und Mitmachstationen. Ja, das Gute liegt oft so nah, und wenn man nach einem erlebnisreichen Marktbesuch mit gefülltem Beutel nach Hause kommt, hat man zudem das gute Gefühl, etwas Sinnvolles für die Heimat getan zu haben.

● Naturpark Stromberg-Heuchelberg (Veranstalter), Ehmetsklinge 1,
74374 Zaberfeld, Tel. (0 70 46) 88 48 15
www.naturpark-stromberg-heuchelberg.de/geniessen/naturparkmaerkte/
(Anfahrtsmöglichkeiten je nach aktueller Ausrichtergemeinde)

Aufstriche
mit & ohne
Alchohol
-Bärlauch-
-Rhabarber-
produkte
u.v.m.

Gefühl von Weite

14 Weißer Steinbruch bei Pfaffenhofen

Würden wir nicht heute, sondern vor etwa 210 Millionen Jahren leben, so könnte man an diesem Glücksort auf Dinosaurier treffen. Beispielsweise auf den pflanzenfressenden Sellosaurus, den ältesten bekannten europäischen Dinosaurier mit etwa 4 bis 5 Meter Gesamtlänge, der sich zu diesen Zeiten zusammen mit anderen imposanten „tierischen Urzeitbewohnern" im heute so beschaulichen Zabergäu tummelte. Ein kurioser Gedanke. Ob ein Aufeinandertreffen jedoch wirklich so vergnüglich wäre? Genau weiß man es natürlich nicht, doch – Pflanzenfresser hin oder her – Hunderten Kilogramm Kampfgewicht stellt man sich nicht gerne entgegen. Und wenn es der Dino nicht auf Menschen abgesehen hätte, dann vielleicht auf ihr veganes Vesper.

Nun ja, mittlerweile sind ja bekanntermaßen alle Dinosaurier ausgestorben, und von dieser Seite droht keinerlei Gefahr mehr. Also nichts wie hin zum Weißen Steinbruch, der durch entsprechende Fossilienfunde am Anfang des 20. Jahrhunderts eine gewisse Berühmtheit erlangte. Der erste Sensationsfund gelang dem ehemaligen Pächter des Bruches, Albert Burrer, der beim Abbau des Stubensandsteins völlig überraschend auf die Fossilien aus der Trias-Zeit stieß. Heute informiert ein Lehrpfad mit illustrierten Infotafeln über die Erdgeschichte und die damaligen Bewohner. Die Originalfundstücke sind im Museum am Löwentor in Stuttgart ausgestellt.

Doch nicht nur der faszinierenden Geschichte wegen lohnt sich ein Abstecher hierher. Der spektakuläre 180-Grad-Panoramablick, der sich dem Ausflügler dort bietet, sorgt ganz bestimmt für einen beglückenden Wow-Moment. Vom Trifels im Pfälzer Wald über das gesamte Zabergäu und das Heilbronner Becken bis hin zu den Löwensteiner Bergen lässt sich alles überblicken – gutes Wetter vorausgesetzt. Und bei Sonnenschein und angenehmen Temperaturen bietet es sich an, diesen Traumblick nicht nur von der Aussichtsplattform in aller Schnelle, sondern bei einem zünftigen Picknick ganz in Ruhe gebührend zu genießen.

● Weißer Steinbruch, 74397 Pfaffenhofen, vom Wanderparkplatz Weißer Steinbruch (an der L1110 zwischen Ochsenbach und Eibensbach) rund 20 Minuten Fußweg

Beim Nachtwächter zu Gast

15

Hotel-Restaurant Zum Nachtwächter in Lienzingen

Wie schade, dass Häuser nicht sprechen können! Das Fachwerkhaus in der Knittlinger Straße 21 in Lienzingen hätte sicherlich viele spannende und vermutlich auch dramatische Geschichten zu erzählen. Zum Beispiel über den letzten Nachtwächter Lienzingens, der hier lebte und nach dem das heutige Hotel-Restaurant benannt worden ist. Oder über unruhige Zeiten, in denen das Dorf immer wieder in Kämpfe um die Oberherrschaft über das nahe gelegene Kloster Maulbronn verwickelt wurde und es mehrfache Herrschaftswechsel gab.

Ja, es waren nicht nur rosige Zeiten, die das wohl älteste bekannte ländliche Wohnhaus der Region erlebt hat. Das Hinterhaus im Jahre 1441 und der Gebäudeteil zur Straße um 1560 erbaut, hat es nun schon viele Jahrhunderte auf dem Buckel. Es hat Kriege, Plünderungen und Flammen im Ort überlebt und strahlt heutzutage, nach einer aufwendigen Restaurierung durch die Besitzerfamilie selbst, wieder in neuem Glanz.

Einige Geheimnisse konnte man dem alten Gemäuer im Zuge der Arbeiten entlocken. So kamen beispielsweise historische Wandmalereien, lange hinter Holzverkleidungen versteckt, wieder zum Vorschein. Es lohnt sich, diese mal etwas genauer in Augenschein zu nehmen und der eigenen Fantasie über den Anlass ihrer Entstehung freien Lauf zu lassen. Doch nicht nur die Malereien, auch die uralten Balken, die fast vollständig erhaltene originale Fensterlaibung aus der Erbauungszeit, die knarzenden Treppenstufen – all das hat einfach Charme.

Da trifft es sich gut, dass man in diesem urigen Gasthaus beliebig oft einkehren und sich vom unvergleichlichen Ambiente verzaubern lassen kann. Zum Schluss noch eine „Warnung“: Der Klassiker Zwiebelrostbraten und die Maultaschenspezialitäten machen Lust auf mehr und schmecken sommertags auch im lauschigen Innenhof ganz vorzüglich. Die gute Nachricht: Wer dabei etwas tiefer ins Glas schauen möchte, kann sein Haupt gleich vor Ort in weiche Kissen betten und die Nacht im „Nachtwächter“ verbringen.

TIPP

Bei einem Spaziergang die Fachwerkhäuser im Ortskern und die Kirchenburg bewundern.

● Hotel-Restaurant Zum Nachtwächter, Knittlinger Straße 21,
75417 Mühlacker-Lienzingen, Tel. (0 70 41) 9 51 10
www.hotelrestaurant-nachtwaechter.de
● ÖPNV: Haltestelle Knittlinger Straße

Zum Nachtwächter
Gasthof
HOTEL
HOTEL

Tierische Morgenstimmung

16

Early Bird Tour durch den Zoo Karlsruhe

Sicher, es ist schon Überwindung dabei, wenn man sich beim ersten Hahnenschrei aus den Federn schält, um pünktlich um 6.30 Uhr am vereinbarten Treffpunkt zu sein. Beim Anblick der Segways, die beim Ankommen schon brav aufgereiht auf einen warten, ist die letzte Restmüdigkeit jedoch schnell verfolgen. Zu groß ist die Lust, sich auf den fahrbaren Untersatz zu schwingen und einfach loszudüsen. Das Fahren funktioniert im Grunde intuitiv, und die gute Figur vor Seelöwe, Zebra & Co. ist gesichert. Nach einer kurzen Einweisung durch den Guide und ein paar Proberunden vor dem Eingang Nord geht es dann auch schon los.

Die Führung übernimmt ein Scout vom Zoo, der sich natürlich bestens auskennt und die Teilnehmer sichtlich gerne mit auf eine interessante und kurzweilige Reise durch den Stadtgarten nimmt und dabei immer wieder tiefere Einblicke hinter die Zookulissen gibt. Zunächst geht es rechts vom großen See an den noch still im Wasser liegenden Gondolettas, dem Rosengarten und an zahlreichen Staudenbeeten vorbei, die im Sommer in voller Blüte stehen und in ihrer perfekten Zusammenstellung an Höhen und Farben an das furiose Finale eines Feuerwerks erinnern. Beinahe lautlos gleitet die Gruppe weiter ungestört über Wege und Brücken dahin und lediglich die Tiere, ihre Pfleger und mit etwas Glück der Zoodirektor höchstpersönlich werden Zeuge der strahlenden Gesichter.

TIPP

Sich noch vor der Öffnung etwas Ruhe im Japanischen Garten gönnen und dann im Zoo frühstücken.

Es ist ein unvergleichliches Erlebnis in der Morgendämmerung, vor der offiziellen Öffnung im Zoo unterwegs zu sein und den Tag und die Tiere erwachen zu sehen. Alles ist noch ruhig und friedlich und es ist einfach wunderschön, dabei zuzusehen, wie die Nasenbären ein wenig verschlafen aus ihren Nestern klettern, die Elefanten vorfreudig auf ihr Frühstück warten und die Flusspferde das tun, was sie am liebsten tun, nämlich abtauchen. Kurzum: Das zeitige Aufstehen lohnt sich unbedingt, und die vielen einmaligen Eindrücke bleiben sicherlich unvergessen.

● Early Bird Tour durch den Zoologischen Stadtgarten Karlsruhe, Eingang Kasse Nord, Festplatz/Kongresszentrum, 76137 Karlsruhe, Anbieter: CitySeg, Tel. (01 73) 3 10 88 13, www.city-seg.de
● ÖPNV: Haltestelle Kongresszentrum

uvex
cityseg
www.city-seg.de
130
JBM
city-seg.de

Ausblick und „Tafeleyen“

17

Burg Steinsberg bei Sinsheim

Wer sich im Kraichgau orientieren will, steigt sinnigerweise auf den nächstbesten Hügel und hält nach der weithin sichtbaren Burg Steinsberg Ausschau. Der „Kompass des Kraichgaus“, so wird die auf 333 Metern über dem Meeresspiegel gelegene Höhenburg bezeichnenderweise genannt, weist einem dann den Weg. Und dieser Weg sollte auf keinen Fall an der prächtigen Burganlage selbst vorbeiführen, die, 1109 erstmals erwähnt, eine äußerst interessante und bewegte Historie hat. Wer beispielsweise erfahren möchte, wann und weshalb sie einmal in Flammen stand, wessen Kopf dieser Brand nachträglich gekostet hat, weshalb der stolze und fast 30 Meter hohe Bergfried achteckig ist und was es heißt, „eingelocht“ oder „getürmt“ zu sein, dem sei eine öffentliche Führung empfohlen, die in der warmen Jahreszeit mehrmals monatlich angeboten wird.

TIPP

Anmeldungen für eine Führung sind bei der Touristinfo Sinsheim möglich.

Alle anderen können die eindrucksvolle Anlage auf eigene Faust erkunden, vom Turm aus den phänomenalen Rundblick aus luftiger Höhe über die Kraichgauer Kulturlandschaft genießen und sich dann in der Schenke von den Durst machenden Aufstiegsmühen erholen. Im Sommer sitzt man umgeben von der Ringmauer im lauschigen, blumengeschmückten Innenhof und in der kalten Jahreszeit oder anlässlich von Hochzeiten, sonstigen Feiern, Tagungen oder Rittermahl-Events in den ehemaligen Wohngebäuden. Da versteht es sich von selbst, dass das Knochenwerfen selbst beim Ritterschmaus strengstens untersagt ist und es trotz kulinarischem Ausflug ins Mittelalter überaus gesittet zugeht.
Dank Spielleuten, Gauklern und Hofnarren darf mit „Kurtzweyl“ gerechnet werden und Ritter Uwe sowie alle anderen werden ihre Gäste sicherlich aufs Trefflichste unterhalten. Ganz egal, ob als einzelner Recke oder Edelfrau, Sippschaft oder „Kumpaney“, bei diesen „Tafeleyen“ sind alle herzlich willkommen und die mittelalterliche Kampfkunst, die man auf der Burg ebenfalls erlernen kann, braucht in Gegenwart von Ritter Uwe und seinen Getreuen glücklicherweise keiner.

● Burg Steinsberg, Steinsberg 1, 74889 Sinsheim, Tel. (0 72 61) 6 52 66
www.burg-steinsberg.de

Hier dürfen Puppen spielen

18

Im Marionettentheater in Wiesloch

„Ist es nicht schön, Menschen eine Freude zu machen!“ Diese Worte stammen von Peter Schneider, dessen Leidenschaft unter anderem dem Schnitzen von Marionettenpuppen galt. Fridolin mit dem Tennisballkopf war seine erste Figur, der er mit Fantasie und Fäden Leben einhauchte und mit der der Biologieprofessor seinen Studenten an der Uni ursprünglich Bewegungsphysiologie lehrte. Unglaubliche 300 Figuren hat er zu seinen Lebzeiten erschaffen, alle mit Charakter und Charme und teilweise lustigen Details. Es ist wirklich beeindruckend, welch Talent der Gründer des Marionettentheaters Wiesloch unübersehbar hatte. Eine Puppe schöner und ausdrucksstärker als die andere. Ihre Bemalung und die mit Bedacht ausgewählten und mit Hingabe genähten Kleider geben den hölzernen Hauptdarstellern den letzten Schliff.

TIPP

Wer das Spielen selbst ausprobieren möchte, ist dem Ensemble bei den Proben herzlich willkommen.

Möchte man eintauchen in Peter Schneiders und auch altbekannte Geschichten, dann sollte man sich unbedingt Karten für ein Stück im Alten Wieslocher Bahnhof sichern, denn dort spielt das Ensemble seit geraumer Zeit. Ein Hauch von Nostalgie weht mit, wenn man das ehemalige Bahnhofsgebäude am Spielabend betritt. Hat man die Schwelle des eigentlichen Theaters dann schlussendlich überschritten, kann jeder Erwachsene wieder zum Kind werden und sich in den märchenhaften Stücken verlieren. Viele sind ausdrücklich für das ausgewachsene Publikum geschrieben, doch auch die Kleinen lassen sich von „Peter und der Wolf“ sowie „Geschichten aus dem Dämmelwald“ begeistern.

Etwa 40 Zuschauer finden in der guten Stube pro Aufführung Platz und dürfen sich vom bezaubernden Spiel berühren lassen. Schwarzer Hintergrund, schwarz gekleidete Spielerinnen und ein optimal positionierter Vorhang machen die Illusion von den lebenden Puppen perfekt. Die Texte, überwiegend vom Gründer geschrieben und mit passenden Stimmen vertont, kommen vom Band, sodass sich die Menschen, die an den Fäden ziehen, ganz auf die Bewegung ihrer Figuren konzentrieren können. Ein unvergessliches Erlebnis für Groß und Klein!

● Marionettentheater Wiesloch, Bahnhofstraße 9 (Alter Bahnhof), 69168 Wiesloch, Tel. (0 62 22) 9 59 98 98, www.marionetten-wiesloch.de
● ÖPNV: Haltestelle Wiesloch Güterstraße

Eisenbahnwunderwelt

19 Die Strombergbahn in Hohenhaslach

Umtriebig und auch ganz schön abenteuerlich geht es zu rund ums Haus der Familie Knodel. Es wird Holz gesägt, Feuer gelöscht, mit einer Zahnradbahn emporgeschwebt, gegen Raubritter gekämpft und nicht zu vergessen – Zug gefahren. Einsteigen darf jeder, ob Dino oder Schneewittchen, Hauptsache es bringt Spaß. Und das tut es ganz offensichtlich, wenn man die vor Begeisterung ganz aufgedrehten Kinder sieht, die mit leuchtenden Augen und geröteten Backen hinter den Zügen herspringen und von A nach B flitzen, um ja nichts zu verpassen. Das sind dann auch die Momente, die dem Erbauer dieser „Eisenbahnwunderwelt" ganz besondere Freude machen, obwohl das nicht seine ursprüngliche Antriebsfeder war.

Angefangen hat alles vor nunmehr 47 Jahren, als Heinz Knodel damit begann, in seiner Freizeit Modelle zu bauen. Ganze drei Jahre hat er für den Nachbau der Klosterkirche Maria Laach gebraucht. Stein für Stein hat er damals eigenhändig behauen, bis sie endlich fertig war. Aufhören konnte der einstige Bauunternehmer von da an jedoch nicht mehr. Zum Glück! Mit jedem Modell, jedem Stück Schiene und jeder Figur wuchs die heutzutage als eine der größten Garteneisenbahnen Deutschlands geltende Anlage. Wenn nicht gerade Väterchen Frost die Gleise vereist, dann fahren die Züge rund ums Jahr. Und selbst wenn der Hobbyeisenbahner nicht zu Hause ist, für einen eingeworfenen Euro „zugelt" es auf den Schienen munter vor sich hin. Dass die Miniatureisenbahn dank Dino, Schneewittchen und ihren Freunden nicht ganz stilecht ist, kümmert ihn nicht im Geringsten. „Ich möchte, dass es den Kindern gefällt, und wenn ich dann von den Kleinen Figuren zum Aufstellen geschenkt bekomme, dann finden wir dafür gemeinsam einen Platz. So einfach ist das." Weniger einfach ist hingegen die Pflege der Anlage, die täglich deutlich mehr Zeit in Anspruch nimmt als die 7 Minuten, die ein Zug für eine komplette Runde braucht. Doch das nimmt er gerne in Kauf und macht damit so vielen anderen eine große Freude.

TIPP

Zu den Besenzeiten im Weingut Katzer gegenüber einkehren, Öffnungstermine: www.weingut-katzer.de.

● Strombergbahn Hohenhaslach, Rinnenstraße 31, 74343 Sachsenheim-Hohenhaslach, Tel. (0 71 47) 74 89, www.strombergbahn.de
● ÖPNV: Haltestelle Allmandklinge

Ein Ort zum Sammeln

20 Asiatischer Garten in Münzesheim

Wie gut, dass Menschen manchmal ungewöhnliche Idee haben. Der seinerzeit erste Chefarzt des Therapiezentrums Münzesheim hatte Mitte der 1980er-Jahre den wunderbaren Einfall, aus einer brachliegenden Fläche neben der Klinik einen Garten nach asiatischem Vorbild entstehen zu lassen. Es sollte ein Garten von Patienten für Patienten werden, ein Platz zum Sammeln, aber auch ein heiterer Ort der Begegnung. Und von Anfang an sollte das Gelände der Öffentlichkeit zugänglich sein, und das ist es bis heute. Wer das herrliche Fleckchen Erde durch das Torii- oder das Mondtor betritt, taucht ein in eine faszinierende Welt asiatischer Gartenkunst mit vielen kreativen Details.

Es ist schier unvorstellbar, was hier in Eigenarbeit, mit Improvisationstalent und auch dank freundlicher Spender im Laufe von bald 40 Jahren erschaffen wurde. Der 800 Quadratmeter große See, in dem sich zahlreiche Fische tummeln, ist noch immer das Herzstück der beeindruckenden Anlage und die Pagodeninsel mit Teehaus der „Hingucker" schlechthin. Wenn man sich vor Augen hält, dass jeder Ziegel, jedes Mosaik, ja jedes noch so verspielte Element den Köpfen und den Händen von Patienten und Klinikmitarbeitern entsprungen ist, dann wird einem klar, dass diese Anlage etwas ganz und gar Einzigartiges ist.

TIPP

Auf dem Klinikgelände gibt es zudem einen Kleintierzoo und einen Spielplatz.

Bei jedem Spaziergang kann man Neues entdecken, da sich das „Gesicht" des Gartens mit den Jahreszeiten beständig wandelt und sich die unzähligen künstlerischen Feinheiten dem Betrachter zumeist erst bei mehrmaligem Hinsehen vollends erschließen. Ein Rundweg führt unter anderem zu einem idyllischen Wasserfall mit Aussichtspavillon, über eine leuchtend rote Bogenbrücke, durch einen überdachten Wandelgang und über mit Bedacht gesetzte Trittsteine, die dem Besucher achtsames Gehen abverlangen, möchte er nicht im Wasser landen. Glücksuchende sollten bei ihrem Gang über das Gelände unbedingt nach Drachenfiguren und guten Geistern Ausschau halten.

- Asiatischer Garten der heiteren Stille, Am Mühlberg 1, 76703 Kraichtal-Münzesheim, Tel. (0 72 50) 6 00 (Klinikpforte)
- ÖPNV: Haltestelle Münzesheim Ost (Bedarfshaltestelle!, von dort 5 Minuten Fußweg)

Majestätischer Blick

21 Am Aussichtspunkt König in Diefenbach

Was kann es eigentlich Schöneres geben, als im Frühjahr zur Mandelblütenzeit oder zum Abschluss eines herrlichen Sommertages oberhalb von Diefenbach durch die Weinberglandschaft zu streifen und sich von der reizvollen Natur entzücken zu lassen? Sanfte bewaldete Hügel, Weinberghänge, die von der Sonne in goldenes Licht getaucht werden, und um die Ortschaft herum, die einem zu Füßen liegt, idyllische Streuobstwiesen. Parken kann man beispielsweise auf dem Wanderparkplatz Straßenmüllerrain und von dort aus den Pfaden 10 oder 12 in Richtung Weinberge folgen. Oder man vertraut seinem Instinkt und steigt vom Dorf aus ganz ohne Blick auf jedwede Schilder stetig bergan, bis man am höchsten Punkt schließlich sein Ziel, den Aussichtspunkt König, erreicht.

TIPP

In der Weinstube Häußermann einkehren, Öffnungstage auf www.weingut-haeussermann.de.

Unterwegs laden zahlreiche Bänke und Sitzgelegenheiten zum Pausieren und Picknicken ein, und wer seine Rast mit interessanter Erdgeschichte verbinden möchte, dem sei der Sitzplatz am Wilden Fritz, einem geologischen Fenster, sehr empfohlen. Unter der Woche ist die Wahrscheinlichkeit groß, dass man ganz alleine auf den Wanderwegen unterwegs ist und nur ein leichtes Rascheln im Gebüsch oder melodisches Grillenzirpen die Vesperruhe stört. Hat man es dann ganz nach oben geschafft, wird man mit einem fantastischen Panoramablick belohnt. Der Nordschwarzwald liegt schnurgeradeaus, der Stuttgarter Fernsehturm ragt zur Linken auf, und der Pfälzer Wald zeigt sich zur Rechten. Eine silberne Orientierungstafel hilft den Suchenden beim Finden.

Doch nicht nur weite Fernziele lassen sich von der Kanzel erspähen, mit etwas Glück kann man Greifvögel aus der Vogelperspektive dabei beobachten, wie sie sich von der aufsteigenden warmen Luft tragen lassen und dabei lautlos durch die Lüfte gleiten. Wer nicht nur einen schnellen Blick von der Aussichtsterrasse riskieren, sondern etwas länger am „König" verweilen möchte, kann auf einer der Bänke Platz nehmen und die Ruhe dort oben in vollen Zügen genießen.

- Aussichtspunkt König, 75447 Sternenfels-Diefenbach, Wanderparkplatz Straßenmüllerrain
- ÖPNV: Haltestelle Diefenbach Ortsmitte (zu Fuß in die Weinberge)

Fischgenuss im Strandkorb

22

Marquart Fischdelikatessen in Mühlacker

Würde man mit verbundenen Augen hierher geführt, man würde annehmen, man sei am Meer oder gar auf einer Insel. Wo sonst nimmt man in stoffbespannten Strandkörben Platz und bekommt frische Fischspezialitäten auf den Tisch? Nun, dafür muss man im Kraichgau-Stromberg nicht weit fahren, denn die gesuchte „Insel" ist ganz nah. Kurioserweise liegt sie mitten in einem Industriegebiet – dort hätte man sicherlich nicht zuerst danach gesucht. Glück hat also, wer den Weg dorthin kennt.

Die Marquart GmbH mit eigener Räucherei hat sich auf das Veredeln verschiedenster Fischarten spezialisiert und ist nicht nur für Gastronomen und die Hotellerie eine lohnenswerte Adresse. Vor allem die Kreationen rund um den Lachs, ob heiß, kalt geräuchert oder mariniert, sind bei den Kunden sehr beliebt. Rotholz, Tropic, Zitronenpfeffer oder mit Tomatenpesto, für jede Geschmacksrichtung ist das Richtige dabei. Immer mittwochs bis freitags kann man sich an der gut bestückten Ladentheke zuerst inspirieren und dann freundlich beraten lassen oder man verspeist seinen „Fang" wahlweise gleich vor Ort. Bei den verführerischen Düften, die aus der Küche dringen, fällt das Verzichten ohnehin schwer. Im Sommer munden Hechtklößchen, Meeresfrüchtesalat und die anderen Delikatessen in den besagten Strandkörben natürlich noch einen Hauch besser und es kommen beim Genießen richtiggehend Urlaubsgefühle auf.

TIPP

Aktuell sind das Bistro und der Direktverkauf Mittwoch bis Freitag von 9 bis 18 Uhr geöffnet.

Anders als oftmals an der See wechselt die Fischauswahl hier wöchentlich, sodass keine Langweile entsteht. Und wer ein Fest mit Schlemmerfaktor plant: Partywillige setzen gerne auf das raffinierte Fisch-Fingerfood. Die altbekannte Schillerlocke war gestern – heute gibt es edles Lachskonfekt mit verschiedenen Toppings und Fischröllchen mit variantenreichen Füllungen. Da läuft einem schon beim Bestellen das Wasser im Munde zusammen. Kurzum: Wer Fischdelikatessen liebt und eine kleine Auszeit braucht, der ist hier genau richtig. Ein Miniurlaub bei den Marquarts auf der Terrasse – eine wirklich gute Idee.

● Marquart Feinkost- & Gastronomieservice, In den Waldäckern 2, 75417 Mühlacker, Tel. (0 70 41) 9 63 70, www.raeucherlachs-delikatessen.de

Dem Mühlencharme erliegen

23 Im Kaffeemühlenmuseum Wiernsheim

Klein, aber oho! Kaffeebohnen haben es echt in sich, beispielsweise rund 800 Aromen, die man durch fachkundige Röstung aus ihnen herauskitzeln kann. Kein Wunder, dass die himmlisch duftende Flüssigkeit das beliebteste Getränk der Deutschen ist. Bevor man jedoch ans Aufbrühen gehen kann, muss man die Bohnen erst einmal mahlen. Heute erledigen diese Arbeit oftmals sündhaft teure Vollautomaten. Knöpfchen drücken und fertig. Früher stand vor dem Vergnügen noch der Schweiß, denn kein Genuss ohne Kurbeln. Es gab Propeller-, Scheiben-, Flach-, Kegel- oder Walzmühlen, und welche am Ende für den besten Kaffee stand, das fragt man am besten Experten.
Im Kaffeemühlenmuseum Wiernsheim warten rund 1000 Exponate rund um die handbetriebenen Wundermaschinen auf den überraschten Besucher. Es ist faszinierend, denn es gibt Mühlen in allen Formen und aus anscheinend allen Materialien. Auch absolute Kuriositäten wie Exemplare in Heißluftballon- oder Taucherhelmform sind unter den Ausstellungsstücken zu finden. Manche waren eher für den Hausgebrauch und ärmere Leute gedacht, andere zeigten den Wohlstand ihrer Besitzer an und waren als Schaustücke aufwendig gearbeitet sowie kunstvoll verziert.
Dass der Kaffee den Menschen schon damals in keiner Lebenslage fehlen durfte, darauf deuten die Reise- und Hochzeitsmühlen hin. Das älteste gezeigte Exemplar ist etwa 300 Jahre alt, kommt aus Norddeutschland und wurde bereits 1720 gefertigt. Das ist sehr lange her, doch das altehrwürdige Haus, in dem sich das Museum mit eingerichtetem Trauzimmer heute befindet, ist sogar noch ein bisschen älter und stand derzeit bereits seit geschätzt neun Jahren. 2008 erwarb die Gemeinde dann das Anwesen, um der großzügigen Schenkung eines Ehrenbürgers eine neue Heimstatt zu bieten. Toll! Tja, und wenn man in der Ausstellung so vieles über alte Mühlen und den Kaffee erfährt, dann wird man durstig. Wie gut, dass es im Erdgeschoss ein Café gibt, denn so kann man sich nach all der Theorie an der Praxis erfreuen. Mmh!

TIPP
Im Café kann man einmal im Monat frühstücken und im Sommer dabei auch im Kräutergarten sitzen.

- Kaffeemühlenmuseum Wiernsheim, Marktplatz 21, 75446 Wiernsheim, Tel. (0 70 44) 9 15 60 50, www.kaffeemuehlenmuseum.de
- ÖPNV: Haltestelle Mühlstraße (Museum gleich um die Ecke)

Kaffee
Kaffee
Malz
Kaffee
1026
1027
Kaffee
KAFFEE
KAFFEE
1040
1041
1042

Urlaubsgefühle garantiert

24 Am Badesee in Mühlbach

Etwas versteckt am Ortsrand von Mühlbach, einem Stadtteil von Eppingen, verbirgt sich ein echter Geheimtipp für Wasserratten – ein idyllisch am Waldrand gelegener kleiner Badesee mit Inselchen. Für Schwimmbegeisterte ist dieser Ort sicherlich ein Traum, denn die Wasserqualität wird in der Saison regelmäßig geprüft, das Ufer ist seicht, es gibt Sitztreppen und Liegewiesen und als i-Tüpfelchen einen Kiosk. Einfach perfekt! Weiches Gras zum Niederlassen und Dösen, glitzerndes Wasser, ausgelassenes Kinderlachen im Ohr und ein kühles Eis in der Hand – was will man mehr? Und dennoch lässt sich dies noch toppen, denn die Badestelle hat zu allem Überfluss einen goldfarbenen Sandstrand! Südseefeeling im Kraichgau-Stromberg, wer hätte das gedacht? Bereits der bloße Anblick garantiert Urlaubsgefühle und spätestens, wenn man den Sand zwischen den Zehen spürt, schaltet man in den Entspannungsmodus um. Kleine Gäste, die sich beim Planschen, Sandburgenbauen und Rumtoben noch nicht ausreichend ausgepowert haben, können ihre überschüssige Energie auf dem schattigen Spielplatz gleich nebenan kinderleicht loswerden. Erwachsene, die nach einer genüsslichen Runde Faulenzen Lust haben, das kleine Gewässer zu Fuß zu umrunden, können dies problemlos mit einem kurzen Abstecher zum ausgeschilderten Sandsteinpfad im Ortskern verbinden. Der Weg beginnt am Platz vor dem Rathaus, führt durch eine wunderschöne Parkanlage und wird durch zahlreiche Skulpturen und Schaustücke gesäumt.

Wer also nicht nur den Körper beim Baden, sondern auch den Geist in Bewegung bringen will, kann sich auf dem ausgeschilderten Lehrpfad ausführlich informieren lassen, bevor er dann erneut ins kühle Nass eintaucht. Vom Schwimmen müde geworden, kann man sich danach auf sein Handtuch legen, die Augen schließen und beim Schlummern das soeben Erfahrene optimal im Gedächtnis verankern. Ja, so könnte ein wunderbar entspannter Tag im Steinhauerdorf Mühlbach aussehen.

● Mühlbacher See, Ochsenburger Straße, 75031 Eppingen-Mühlbach
● ÖPNV: Haltestelle Mühlbach

Schnuckeliges Hexenlädle

25

Die Kräuterhexe von Maulbronn

Wie eine Hexe sieht Gabriele Bickel nun so gar nicht aus, sie nennt sich aber dennoch so, und das mit großem Stolz. Wie die kräuterkundigen Frauen aus dem Mittelalter hat auch sie sich im Laufe der Jahrzehnte ein immenses Pflanzen- und Kräuterwissen angeeignet und gibt dieses gerne an alle Interessierten und Besucher weiter, beispielsweise im Rahmen eines Beratungsgespräches in ihrem schnuckeligen Hexenlädchen, in ihren Büchern oder aber bei einer ihrer gut besuchten Führungen und Kurse.

Anders als das Hexenhaus im Märchen steht ihres zum Glück nicht verborgen im Wald, sondern für jedermann gut sichtbar gleich rechts hinter dem imposanten Eingangstor der Klosteranlage Maulbronn. Dass sie ihr „Hexenlädle" im Jahre 1996 dort eröffnen durfte, war ein absoluter Glücksfall, besuchen doch jedes Jahr Hunderttausende die berühmte ehemalige Zisterzienserabtei und damit auch viele Auswärtige das Kräutergeschäft von Gabriele Bickel. Sobald man das windschiefe, moosbedeckte Fachwerkhäuschen mit dem kupfernen Hexenschildchen an der Fassade und dem Glöckchen an der Tür betritt, jubilieren die Sinne im Chor und es stellt sich unweigerlich der dringende Wunsch ein, mindestens eines der vielen herrlich duftenden Sächelchen käuflich zu erwerben.

TIPP

In Klosternähe liegt der von den Mönchen angelegte Tiefe See, in dem man auch baden kann.

Ja, so ganz ohne Mitbringsel schafft es kaum einer aus dem liebevoll eingerichteten Hexenhaus, so munkelt man zumindest. Ganz egal, ob Tee, Gewürze, Kräuterbonbons, Liköre, Duftsäckchen oder andere Nettigkeiten – hier wird jeder fündig. Und schon allein das Durchstreifen des Lädchens mit all seinen nostalgischen Details macht irgendwie glücklich. Insbesondere der wunderhübsche museale Apothekerschrank mit seinen unzähligen Schubfächchen löst bei vielen Besuchern sichtbares Entzücken aus. Kurzum: Ein Besuch in diesem zauberhaften Ladengeschäft ist ein Muss, und wenn man schon einmal nach Maulbronn aufgebrochen ist, sollte man sich die beeindruckende Abtei natürlich nicht entgehen lassen.

- Kräuterhexe Maulbronn, Klosterhof 2, 75433 Maulbronn, Tel. (0 70 43) 73 98 www.kraeuterhexe-galerie.de
- ÖPNV: Haltestelle Alte Post (von dort rund 10 Minuten Fußweg), Haltestelle Kloster; Freizeitexpress Kloster Maulbronn (www.klosterstadt-express.de)

Ungeheuer entspannend

26 Die Ungeheuerklamm bei Untergrombach

Woher die Ungeheuerklamm ihren Namen hat? Vermutlich von ihrer Größe, doch auch unheimliche Geschichten ranken sich um sie. Vielleicht heißt sie aber auch so, weil man sich bei einer kleinen Runde entlang dieser auf ausgewiesenen Wegen so ungeheuer gut entspannen kann?! Zugegeben, auf den ersten Blick mutet sie nicht gar so spektakulär an wie viele ihrer „Schwestern", doch das schmälert ihren Wert für Erholungssuchende nicht im Geringsten.

Ganz egal, wie anstrengend und hektisch der Tag war, ist man erst einmal eingetaucht ins satte Grün, ist der Alltagsstress schon fast vergessen. Ja, die magische Natur zieht den Ausflügler sofort in ihren Bann. Hier flitzt ein Eichhörnchen, dort raschelt eine Maus und hoch oben in den Wipfeln hämmert ein Specht. Die virtuose Gesangsdarbietung der Vögel lädt immer wieder dazu ein, kurz innezuhalten, eine kleine Weile zu pausieren und dabei mit geschlossenen Augen dem kostenlosen Freiluftkonzert zu lauschen, bevor man weitergeht. Eine hölzerne Brücke macht das unbeschadete Überqueren der Klamm, deren Betretung selbst nicht gestattet ist, auf halber Strecke problemlos möglich.

TIPP

Auf dem Michaelsberg in Untergrombach den Weitblick über die Rheinebene genießen.

Obwohl sicherlich jede Jahreszeit in diesem Naturschutzgebiet äußerst reizvoll ist, das Frühjahr ist schon etwas ganz Besonderes. Blühende und duftende Bärlauchteppiche überall, quirlige Tiere, die übermütig die Ankunft des Frühlings feiern, und natürlich das leuchtende frische Grün. Es strotzt nur so vor Energie und das scheint sich im Nu auf den Spaziergänger zu übertragen. Fallen die ersten Feierabendschritte vielleicht noch etwas schwer, so leichtfüßig wird es bald und allzu schnell hat man die rund 3 Kilometer Rundweg auch schon geschafft. Fast etwas wehmütig fällt der Blick zurück. Wer sich partout nicht vom guten Gefühl in der Klamm trennen möchte, der läuft den Weg eben noch einmal in anderer Richtung ab oder kommt einfach ganz schnell wieder.

● Ungeheuerklamm zwischen 76646 Untergrombach und 76356 Weingarten, Wanderparkplatz direkt an der B3 (600 Meter nach dem Ortsausgangsschild Untergrombach rechts)

Phänomenaler Rundumblick

27

Auf der Eselsburg über Ensingen

Auf diesem wunderschönen Fleckchen Erde lebte einst Belreinus de Eselesberch. Der Mann mit dem klangvollen Namen soll um 1230 hier, hoch über Ensingen, am Ostende des südlichsten der drei Strombergzüge, eine Burg bewohnt haben, von der dieser Tage jedoch nichts mehr steht und deren Schicksal bis heute ein Rätsel ist. Einzig Wälle und Gräben haben die Zeit überdauert und zeugen davon, dass hier mal eine Burg gestanden haben muss. 1925 wurde dann vom Schwäbischen Albverein an gleicher Stelle ein hölzerner Aussichtsturm erbaut, der zwar nicht bewohnt, aber dafür von Bewegungs- und Aussichtshungrigen gegen einen kleinen Obolus bestiegen werden kann.

Gute 18 Meter ragt die hübsche „Eselsburg" hoch in den Himmel, aber bei 14,5 Metern ist mit dem Erreichen der Plattform für uns Menschen Schluss. Höher kommen nur noch die Vögel. Neidisch muss jedoch keiner sein, denn der Rundumblick ist auch schon in dieser luftigen Höhe phänomenal. Sogar die Schwäbische Alb lässt sich mit etwas Glück von dort oben erblicken, was den gleichnamigen Verein als Erbauer sicherlich freuen wird.

TIPP

Der Weg ab dem Friedhofsparkplatz ist zwar etwas länger als andere, aber nicht so steil.

Bewirtschaftet werden Turmkiosk und Biergarten immer sonn- und feiertags von den Eheleuten Fischer, die ihr Herz an den „Riesen" verloren und die Pacht daher übernommen haben. Immer wenn die weithin sichtbare Fahne am Turme weht, dann ist geöffnet und die Wandersleute finden Getränke, kleine Speisen sowie im Herbst traditionell Federweißen und Zwiebelkuchen auf der Karte. Da der Turm nur zu Fuß zu erreichen ist, weisen zusätzlich Schilder an den Hauptparkplätzen auf die Öffnung hin. Sicher ist sicher, denn der kurze Aufstieg kann es je nach Route durchaus in sich haben. Kleine Ausflügler, deren Energie bekanntlich nie versiegt, können diese auf dem benachbarten Spielplatz im Handumdrehen loswerden, während die Großen bedächtig an ihrer Schorle „nuckeln" oder ganz gediegen Kaffee und Kuchen genießen. Also wenn das nicht nach einem lohnenswerten Ausflugsziel für die ganze Familie klingt!

- Eselsburg Ensingen, 71665 Vaihingen/Enz-Ensingen
  www.eselsburgensingen.de
- ÖPNV: Haltestelle Ensingen-Kleinglattbacherstraße
  (bei der Kelter Start des Eselsburgrundwegs)

Glücklich schwitzen

28 Saunaboot in der Thermen & Badewelt Sinsheim

Nicht nur die Skandinavier lieben Saunen, auch für viele Deutsche ist das Saunieren der Inbegriff von Entspannung. In der Thermen & Badewelt Sinsheim erleben Schwitzbegeisterte geradezu paradiesische Zustände, denn ganze zwölf Saunaattraktionen stehen den Gästen hier zur Verfügung. Lange war die rund 166 Quadratmeter große Koi-Sauna absolutes Highlight, sie hat es 2013 als weltgrößte Sauna sogar bis ins Guinness-Buch der Rekorde geschafft.

Doch selbst diese Sensation verblasst beinahe etwas neben Freya, einer wunderschön anzusehenden „Saunabootdame" mit insgesamt 12 Meter Länge, die seit 2021 die Herzen der Besucher im Sturm erobert. Anmutig gleitet sie, nur durch eine Kette geführt, 200 Meter lautlos über den Thermensee und gibt den Blick dank ihrer Panoramaverglasung auf den wunderschönen Kraichgau und die Burg Steinsberg frei. Schöner kann man wohl nirgends schwitzen! Tolle Landschaftsimpressionen, kontemplative Bootstour und außergewöhnliches Saunaerlebnis in einem, das ist in dieser Form weltweit einzigartig.

TIPP

Die Panoramafahrt mit Freya muss man im Vorfeld per Thermen-App buchen!

Besonders atmosphärisch wird es bei einbrechender Dunkelheit, wenn man dem Sonnenuntergang entgegenschippert und die gläserne Lady im sanften LED-Licht aufregend funkelt und strahlt. Etwa 15 Minuten darf man sich pro Fahrt durch fachkundige Hände in wohltuende Wärme und betörende Aufgussdüfte hüllen lassen. Sollte eine kurze Abkühlung erwünscht oder ein paar Atemzüge Frischluft nötig sein – kein Problem, überdachte Außenplätze bietet Freya, neben den 25 Sitzmöglichkeiten im Inneren, auch. Da bleiben keine Wünsche offen.

Einzig den verlockenden Sprung in den See sollte man tunlichst unterlassen und nach dem Anlegemanöver lieber duschen gehen. Vielleicht in der blumig klingenden Calla-Blüten-Dusche? Und danach? Eine Runde Relaxen im 24 Grad warmen Panoramapool? Das klingt nicht nur nach Entspannung, das ist Entspannung oder mehr noch – eine unvergessliche Wohlfühlzeit im Palmenparadies!

- Thermen & Badewelt Sinsheim, Badewelt 1, 74889 Sinsheim, Tel. (0 72 61) 4 02 80 www.badewelt-sinsheim.de
- ÖPNV: Haltestelle Thermen & Badewelt Sinsheim

Kultkneipe mit Wow-Effekt

29 Ziegelhütte in Neibsheim

Wenn ein Fremder die Hauptstraße in Neibsheim befährt, dann ahnt er nicht, welch Juwel sich hinter der unscheinbaren Fassade mit der Hausnummer 24 versteckt. Denn, die Ziegelhütte mit ihrer unbestritten blassen Straßenansicht ist eine wahrhaft lohnenswerte Adresse für Nachtschwärmer, wenn nicht sogar die Kultkneipe des Kraichgaus überhaupt. Sicher ist auf alle Fälle: Sie ist eine seit Jahrzehnten bestehende Institution in der Region, in der bereits mehrere Generationen gelacht, getrunken und gefeiert haben und es bis heute noch immer begeistert tun!

Wer das Lokal betritt, spürt sofort die urige Atmosphäre der inzwischen schon über 40 Jahre alten Kneipe mit der daher stammenden und aus ebendiesem Grund auch nicht zu kopierenden Patina. Flackerndes, schummriges Kerzenlicht, kleine gemütliche Ecken, Nischen und Plätze, die sich entlang einer Gasse aneinanderreihen. Und dann, am Ende des Ganges, das wirklich Unglaubliche – man steht plötzlich gefühlt vor der Fassade einer Kathedrale. Kann das wahr sein, fragt man sich? Kurz die Augen schließen und einen weiteren Blick riskiert. Ja – tatsächlich! Es ist ein wunderschönes hölzernes Kirchenportal, dem man nachsagt, es sei sogar geweiht, und vor dem man bei einem Besuch staunend Platz nehmen darf.

TIPP

In der Ziegelhütte finden auch häufiger Events und Konzerte statt. Sehr zu empfehlen!

Ohne Zweifel, es handelt sich um eine Kneipe mit Wow-Effekt und auch der Hinterhof der Ziegelhütte macht Eindruck. Der Biergarten ist ein Vorzeigebeispiel seines Namens. Schöner geht es wohl kaum. Und hat man sich an den vielen Details drinnen und draußen noch nicht sattgesehen, dann bestellt man sich eben eine leckere Pizza und hilft dem Sättigungsgefühl auf diese äußerst schmackhafte Art und Weise etwas nach. Alternativ kann man den Abend bei einem der farbigen und absolut legendären „Monster-Cocktails“, deren Rezeptur selbstverständlich streng geheim ist, ausklingen lassen und nichts tun außer sitzen, schauen und genießen.

● Ziegelhütte, Talbachstraße 24, 75015 Bretten-Neibsheim, Tel. (0 72 52) 5 62 64 92

MONSTER
7,50

Von Langohren Muße lernen

30 Eselwandern in Kraichtal

Das Glück liegt ja sprichwörtlich auf dem Rücken der Pferde. Okay, ein Esel ist kein Pferd und aufgesessen wird hier auch nicht, entspannend ist ein Besuch bei Birgit Lomnitzer und ihren beiden Mädels trotzdem. Denn die friedliebenden Tiere mit eigenem Kopf, die es faustdick hinter den Ohren haben und die so schnell nichts aus der Ruhe bringt, sind wahre „Therapeuten". Es ist Stressabbau pur, Charlotte und Suse beim genüsslichen Kauen zuzusehen, der Esellieblingsbeschäftigung überhaupt, die beiden Langohren ausgiebig hinter denselbigen zu kraulen oder aber eine Runde mit ihnen zu drehen.
Anfangs mag es noch etwas eigentümlich sein, dass hier die beiden 14-jährigen „Teenager" die „Zügel in Händen halten" und das Tempo bestimmen, aber bald ist genau das einfach nur herrlich. Der Weg ist für sie das Ziel! Zu verlockend und einladend sind all die Blümchen und Gräser am Wegesrand. Vielleicht muss man die Halme nur ausreichend lange hypnotisieren, damit sie einem dann ganz von alleine ins Maul wandern, scheint Suse zu denken. „Klappt leider nie", wie ihre Halterin lachend versichert. Und während man so mit tierischem Geleit durch die liebliche Kraichgau-Landschaft streift, drängt sich eine Frage auf: Wieso schaut man im Alltag nicht viel öfter einmal nach rechts und links, lässt das Ziel einfach Ziel sein und genießt bereits den Weg?
Und während man als Mensch noch so vor sich hin sinniert, bleiben die beiden Damen immer wieder stehen und gehen erst dann gemächlich weiter, wenn ihnen danach ist. Ach, ist das schön, den einerseits zielstrebigen und andererseits gemütlichen Tieren beim „Zeithaben" zuzusehen. Und was soll man sagen? Die Muße der Esel steckt an. Egal, aus welcher Hektik heraus man den Weg nach Oberöwisheim gefunden hat, eine Wanderung mit Suse und Charlotte entschleunigt. Es spielt keine Rolle, ob alleine, zu zweit oder als kleine Gruppe, jeder darf sich bei „Eselnärrin" Birgit melden, denn sie teilt ihr Eselglück mit jedem, und das von Herzen gerne.

- Kraichtal Esel, Eselwandern mit Birgit Lomnitzer, Neuenwegstraße 23, 76703 Kraichtal-Oberöwisheim, Tel. (0 72 51) 8 57 30, www.kraichtal-esel.de
- ÖPNV: Haltestelle Oberöwisheim (von dort rund 12 Minuten Fußweg)

Musik liegt in der Luft

31 Deutsches Musikautomaten-Museum in Bruchsal

Musik macht glücklich, doch kann nicht jeder ein Instrument spielen. In Zeiten lange vor MP3-Player, Streamingdiensten und Co. wurde man daher erfinderisch und hat im 18. Jahrhundert für gut betuchtes Klientel Flötenuhren gebaut, die nicht nur die korrekte Zeit anzeigten, sondern überdies auch schöne Melodien von sich gaben. Dies war der Beginn der Ära selbstspielender Musikinstrumente.

Im Deutschen Musikautomaten-Museum, einer der europaweit größten Ausstellungen dazu, wird diese Geschichte auf eine sehr eingängige Weise nachgezeichnet und mit Hunderten klingender Exponate erlebbar gemacht. Und was man hier zu hören und zu sehen bekommt, wird man so schnell nicht mehr vergessen. Zu imposant und bombastisch sind die Klänge und Eindrücke. „Achtung, jetzt wird es ein bisschen laut", so die Vorwarnung des kundigen Museumführers, und das wird es wirklich! Wie von Geisterhand spielen die teilweise raumhohen Automaten auf, ja ganze Orchesterklänge sind aus manchen zu vernehmen, sodass selbst Erwachsene ehrfürchtig erstaunen. Ganz egal, ob Tasten-, Blas-, Schlag- oder Saiteninstrumente, alle wurden dank einer ausgefeilten Technik automatisiert. Ab dem 19. Jahrhundert durften sich dann auch breitere Gesellschaftsschichten daran erfreuen, und die Geräte tauchten mitunter in Gasthäusern, Tanzschulen und auf Jahrmärkten auf.

TIPP

Durch das Kombiticket erhält man ebenfalls Zugang zum Schloss und zum Städtischen Museum.

Doch nicht nur riesige Orchestrien gaben damals „Konzerte", aus sehr kleinen, zierlichen Objekten wie einem Schmuckanhänger konnten ebenfalls schöne Melodien erklingen. Kaum zu glauben, dass die Technik darin Platz fand! Nicht minder faszinierend sind die menschenähnlichen Figurenautomaten im zweiten Stock, wie der Flötenspieler beispielsweise, der, von behutsamer Hand in Gang gesetzt, gerne ein kleines Liedchen für seine Zuhörerschaft spielt. Kinder könnten ihn wohl ewig spielen hören. Auf den Punkt gebracht: Die Welt der Musikautomaten ist mehr als nur einen Besuch wert, und man sollte sich die wunderbare Klangreise auf keinen Fall entgehen lassen!

- Deutsches Musikautomaten-Museum, Schloss Bruchsal, 76646 Bruchsal, Tel. (0 72 51) 74 26 52, www.landesmuseum.de/dmm
- ÖPNV: Haltestelle Bruchsal Bahnhof (von dort rund 10 Minuten Fußweg), Haltestelle Schlossgarten

GEBRS DECAP
ORGAN
JAZZ
GEBRS DECAP
GEBRS DECAP
ANTWERPEN

Relaxen in der Natur

32 Hügelsofa in den Weinbergen bei Ötisheim

Die Idee ist ebenso simpel wie genial. Hat man schon einige Kilometer Strecke hinter sich, so schön die Landschaft unterwegs auch gewesen sein mag, irgendwann werden die Beine schwer und verlangen nach einer Pause. Was es in solchen Momenten braucht, ist eine Möglichkeit, inmitten der Natur einfach mal kurz die Füße hochzulegen, die Augen zu schließen und eine kurze Rast einzulegen. Schon wenige Minuten können Wunder wirken und die Batterie ist wieder aufgeladen. An Tankstellen nennt man das Ladestation und in der hiesigen Landschaft eben Hügelsofa.

Mehrere Dutzend gibt es mittlerweile ganz verstreut übers Land der 1000 Hügel, und da es, wie der Name schon verrät, äußerst hügelig ist, könnte es wohl keine bessere Erfindung für Wanderer und Fahrradfahrer geben. In vielen Gemeinden stehen sie heute schon am schönsten Wanderweg, und es werden beständig mehr. Das Tolle daran ist, sie lassen sich um 360 Grad drehen, damit einem die Sonne nur auf Wunsch direkt auf die Nase scheint und man das abendliche Sonnenuntergangsspektakel ohne Halsverrenkung mitverfolgen kann. Ach ja, wer sich in den verdienten Kurzschlaf schaukeln möchte – bitte schön! Auch das ist möglich.

TIPP
Dem Weg vom Hügelsofa für knapp 10 Minuten weiter waldwärts folgen und die Kunst im Wald bestaunen.

Aufspüren kann man die Freiluftsofas beispielsweise so: Entweder man druckt sich die Wanderkarte „Zu Fuß!“, die auf der Website des Tourismusverbandes Kraichgau-Stromberg zu finden ist, mit den entsprechenden Symbolen dafür aus bzw. bestellt sie sich, oder man gibt die Begriffe Hügelsofa und Kraichgau in die allwissende Suchmaschine ein.

Ein ausgesprochen hübsches Exemplar steht beispielsweise in den Weinbergen bei Ötisheim und lässt sich per pedes vom dortigen Bahnhof aus in etwa einer halben Stunde mühelos erreichen. Hat man sich dann erst einmal herrlich faul auf der hölzernen Liege niedergelassen, gibt es eigentlich nur noch ein bis zwei Dinge zu tun: Die reizvolle Landschaft in vollen Zügen genießen und vielleicht ab und an mal tiefenentspannt am mitgebrachten Vesperbrot knabbern. Herrlich!

- Hügelsofa Ötisheim, 75443 Ötisheim
- ÖPNV: Haltestelle Ötisheim Bahnhof

Einkaufsglück auf dem Hof

33

Auf dem Baumbachhof in Kleinvillars

In großen bunten Lettern prangt es neben der Tür, wer nach dem Baumbachhof Ausschau gehalten hat, ist hier goldrichtig. Also, nichts wie rein! Drinnen erwartet den typischen Hofladenkunden dann eine große Überraschung. Dass es Kartoffeln, Milch, Eier, Fleisch- und Wurstprodukte, viel Selbstgemachtes und Gemüse gibt, das hat man so ja noch erwartet, aber Naturkosmetik, Putzmittel und viele weitere Artikel, die trotz Bioqualität ganz sicher nicht essbar sind? Derartige Produkte hätte man hinter dieser Tür als Neukunde wohl nicht gesucht und wird dennoch fündig. Toll, ein Hofladen mit Vollsortiment, das ist selten. Alles, was man zum täglichen Leben braucht, steht griffbereit in den Regalen.

Und noch eine weitere Besonderheit zieht hierher: die hofeigene Käserei! Rund zwei- bis dreimal pro Woche wird aus der eigenen Milch Käse gemacht und das Ergebnis überzeugt. Vor allem der geschmackvolle „Kloivillarser" hat es den Stammkunden angetan, aber auch der Rauch-, Kümmel-, Kräuter- und der richtig scharfe Feuerkäse geht wie geschnitten Brot. Dieses gibt es übrigens als ideale Unterlage ganze viermal die Woche und natürlich frisch aus dem Ofen. Selbst das Getreide von den eigenen Feldern wird von den Bonnets dafür überwiegend auf dem Hof zu Mehl gemahlen – einer alten Steinmühle sei Dank. Neben dem besagten Brot, das die Kundschaft überaus zu schätzen weiß, werden aus dem eigenen Mehl unter anderem Nudeln gemacht. Sehr lecker!

TIPP

Eine Runde um den Aalkistensee drehen oder an den Öffnungstagen im örtlichen Besen einkehren.

Für die Kleinen gibt es nach oder vor dem Einkauf nichts Schöneres, als den Kühen, Kälbern, Schweinen, Alpakas und den Nachbarspferden Hallo zu sagen, auf dem Spielplatz eine Runde ausgelassen zu schaukeln und bei einem Gang durch die Stallgasse gesunde Bauernhofluft zu schnuppern. Und wenn es den Kindern gut geht, dann sind auch die Großen vollauf zufrieden und können getrost in den Entspannungsmodus schalten. So macht selbst eine Einkaufstour Spaß und stärkt ganz nebenbei die regionalen Erzeuger.

- Baumbachhof, Baumbachweg 7, 75438 Knittlingen-Kleinvillars, Tel. (0 70 43) 61 07, www.baumbachhof.de
- ÖPNV: Haltestelle Knittlingen-Kleinvillars (von dort rund 10 Minuten Fußweg), Haltestelle Kleinvillars Ortsmitte

ORGANIC MEDJOUL DATES
BIO DATTELN MEDJOOL
EXP
MAR
2023
2 KG/NET

Staunen im Kutschenhalt

34

Das Loewenthor in Gondelsheim

Für ein gutes Restaurant nimmt man schon ein paar Kilometer Fahrt in Kauf. Aber Stammgäste aus der Schweiz? Das muss dann schon etwas ganz Besonders sein. Und genau dieses „Etwas“ findet Gast im Loewenthor Gondelsheim. Der ehemalige Kutschenhalt mit seiner über 300 Jahre zurückreichenden Geschichte ist ein wahres Restaurantjuwel, und das liegt nicht alleine an der kreativen Küche und dem exzellenten Service. Das Interieur und auch der Innenhof im flandrischen Stil mit Wasserlauf sind spektakulär schön und man sollte sich bei einem Besuch unbedingt überall umsehen.

Es war nicht irgendein ambitionierter Innenarchitekt, der sich dort verwirklichen konnte, sondern einer der ehemaligen Besitzer höchstpersönlich. Nach sechs Jahren harter Arbeit und dem Zusammentragen unzähliger Einrichtungsstücke, die den besonderen Charme des Hauses ausmachen, konnte das Loewenthor 1990 endlich eröffnen. Jeder Gegenstand im Haus, jede Laterne im Hof könnte ihre eigene Geschichte erzählen und zusammen bilden sie ein unvergleichliches Gesamtkunstwerk. Die urigen Kaminzimmer im Hochparterre laden besonders an kalten Tagen zum gemütlichen Verweilen ein und im Champagnersaal im Obergeschoss speist man wie in höfischen Kreisen des 18. Jahrhunderts. Einfach außergewöhnlich!

TIPP

An einer besonderen Veranstaltung wie zum Beispiel an einem Krimidinner teilnehmen.

Ein weiteres Highlight: die hauseigene Brunnenanlage aus dem 15. Jahrhundert, die sich nicht draußen, sondern im Inneren bestaunen lässt. Als zusätzliche Besonderheit sind zweifelsohne die belgischen Champagnerbiere zu nennen. Das Loewenthor hat mittlerweile gar seine eigene exklusive Bierlinie. Nach spezieller Rezeptur werden die Biere in Belgien traditionell gebraut und anschließend in der Flasche vergoren. Ganz egal, in welche Richtung der eigene Geschmack geht, der Gast wird vom kundigen Personal eine passende Empfehlung erhalten. Und sollte man einmal etwas tiefer ins Glas schauen wollen, zum Beispiel im Rahmen einer großen Bierprobe, so lässt es sich im benachbarten Hotel Hahn komfortabel nächtigen.

- Gasthaus Loewenthor, Bruchsaler Straße 4, 75053 Gondelsheim, Tel. (0 72 52) 66 76, www.loewenthor.de
- ÖPNV: Haltestelle Gondelsheim (Baden) Bahnhof

LOEWENTHOR

Im Wald baden

35

Auf dem Waldfühlpfad Eppingen

Dass der Wald eine heilsame Wirkung auf uns Menschen hat, das wissen nicht nur die Japaner – Waldbaden heißt das deutsche Zauberwort. Wer im Kraichgau-Stromberg unter Bäumen Kraft tanken und ganz nebenbei noch etwas dazulernen möchte, der sollte dem Waldfühlpfad Eppingen einen Besuch abstatten, denn dort kann man beides. Start- und Endpunkt liegen am idyllischen Jägersee, der bereits für sich genommen einen Ausflug wert ist. Hat man sich dann irgendwann vom Seeblick gelöst und auf den gut 3 Kilometer langen Rundkurs begeben, so erfährt man auf sehr unterhaltsame Art und Weise viel Informatives und Wichtiges rund um den Wald, das Holz sowie die Tiere und Pflanzen in diesem Biotop.

An den zahlreichen Mitmachstationen darf man unter anderem „musizieren", Gewichte (verschiedene Hölzer) heben und ist insgesamt eingeladen, diesen besonderen Naturraum mit allen Sinnen zu erleben. Erfühlen lässt sich der Wald am besten auf dem eigens dafür angelegten Barfußpfad. Hier heißt es Schuhe aus und rein ins Vergnügen! Mal haben die Füße großen Spaß und mal etwas weniger, doch Stroh, Äste, Rinde, Laub und vieles andere mehr einmal ganz ohne Sohle dazwischen zu erspüren, ist für uns Schuhträger in jedem Fall eine spannende Erfahrung. Wer nach ungefähr der Hälfte des Weges das drängende Bedürfnis nach etwas Seelebaumeln hat – die zwischen den Bäumen gespannten Hängematten sind sicherlich genau das Richtige dafür. Alle viere von sich strecken und mit geschlossenen Augen dem leisen Blätterrascheln lauschen, herrlich! Das Waldtelefon ein Stückchen weiter stört die Entspannung im Gegensatz zum Handy nicht und sollte unbedingt getestet werden. Kommunikation mal anders. Wer hingegen ausdrücklich die Stille sucht und noch dazu besondere Lichtstimmungen schätzt, der sollte sich am besten in den frühen Morgen- oder Abendstunden auf Erkundungstour begeben. Um diese Zeit ist man meist völlig allein und kann ganz ungestört eintauchen und „baden". Viel Vergnügen!

TIPP

Ausgeschilderter Abstecher zum Ottilienberg, um den sich viele Legenden und Geschichten ranken.

● Waldfühlpfad Eppingen, 75031 Eppingen, Start/Ziel am Jägersee (Schilder zum See mit Wanderparkplatz ab der Landstraße L1110 Eppingen nach Kleingartach)

Wein, Worscht und Weitblick

36

Weinausschank am Zweifelberg

Hier kommt zusammen, was zusammengehört. Wo ließe sich Wein sinniger verkosten als im Weinberg selbst? Das dachten sich wohl auch die Weingärtner Stromberg-Zabergäu und haben kurzerhand zwischen Neipperg und Haberschlacht, inmitten der Weinberge, einen Ausschankstand errichtet. Eine wirklich tolle Idee! Einer Oase gleich, taucht die Hütte plötzlich inmitten der Reben auf, hat man es die wenigen Gehminuten vom Parkplatz Wander3Klang in diese Richtung geschafft.

Direkt am Natur- und Weinlehrpfad gelegen, können Wissbegierige dem etwa 2 Kilometer langen Rundweg folgen, dabei so einiges über die Tiere und Pflanzen im Weinberg sowie selbstverständlich den Weinbau lernen und zwischendrin am Ausschank eine kurze Rast einlegen. So lässt sich die gelernte Theorie über Reben und Wein auf ganz vortreffliche Art und Weise mit der Praxis verbinden. Da es bei der großen Auswahl angebotener Tropfen recht schwerfallen dürfte, sich für einen zu entscheiden, nimmt man am besten gleich zwei und schafft mit einer deftigen „Worscht“ oder Käse die passende Grundlage dafür. Klingt einfach perfekt, doch gibt es wie immer auch hier einen Haken. Hat man erst einmal in feucht-fröhlicher Runde Platz genommen, so fällt das Weiterziehen tatsächlich schwer. Zu lecker ist doch der hiesige Wein und zu schön die fantastische Aussicht über das gesamte Zabergäu.

TIPP

Dem Winzercafé in Neipperg einen Besuch abstatten. Im Sommer sitzt man im wunderhübschen Garten!

Übrigens, von der Aussichtskanzel am Waldrand lässt sich der reizvolle Ausblick noch intensiver genießen. Wer ein Freund etwas längerer Wanderungen ist, der kann den zahlreichen Touren rund um den Zweifelberg folgen und kommt ganz sicher auch hier vorbei. Um sich zu erkundigen, an welchen Tagen am Wochenende der Probierstand geöffnet ist, wirft man am besten einen Blick auf die Website. Und weil es hier so schön ist, empfiehlt es sich, am Wein-Fotospot, direkt neben der Hütte, noch ein Erinnerungsbild zu knipsen. Es wäre doch schade, wenn man das wohlige Gefühl, das man hier verspürt, nicht in irgendeiner Form festhielte.

● Weinausschank am Zweifelberg, 74336 Brackenheim, Tel. (0 71 35) 9 85 50 (Weinkeller Brackenheim), www.wg-stromberg-zabergaeu.de, Parkplatz Wander3Klang erreichbar über Brackenheim-Neipperg

Kerzenschein und Glühwein

37 UNESCO-Weltkulturerbe Kloster Maulbronn

Es ist schon dunkel, wenn sich die Teilnehmer der Sonderführung „Bei Kerzenschein und Glühwein“ im imposanten Klosterhof versammeln. Vorfreude liegt in der Luft! Jeder, der für diese außergewöhnliche Winterführung Karten ergattern kann, darf sich glücklich schätzen. Dies liegt sicherlich nicht nur daran, dass das Areal als die am besten erhaltene, mittelalterliche Klosteranlage nördlich der Alpen gilt, sondern auch an genau diesem Tourkonzept. Einmal abends nur durch mit Kerzenschein erhellte Klostergänge wandeln, den Geschichten rund um die weltweit bekannte Zisterzienserabtei lauschen und dabei eintauchen in das Leben der Mönche, die hier ab dem 12. Jahrhundert gelebt, gebetet, gearbeitet und im Winter auch gefroren haben.

Gegen das Frieren hilft heutzutage warme Winterkleidung, die die Ordensbrüder damals allerdings nicht besaßen. Nicht einmal Unterwäsche trugen sie am Leib, weiß die kundige Führerin, und noch einige spannende Anekdoten mehr. So wurde beispielsweise der Legende nach die berühmte Maultasche hier erfunden, als der Laienbruder Jakob ein Stück Fleisch, fein gehackt und mit Kräutern vermischt, in Nudelteig wickelte, um es so vor Gott zu verbergen. Absoluter Höhepunkt der Führung ist der Gang in die Klosterkirche. Flackerndes Kerzenlicht, wohin man blickt, und im Hintergrund leiser Mönchsgesang. Gänsehaut pur! Sich von der Bank zu erheben, fällt schwer, so gerne möchte man noch etwas verweilen und die beinahe unwirklich schöne Stimmung in sich aufnehmen.

TIPP

Im Restaurant Klosterblick hausgemachte Maulbronner Maultaschen von „Mama Lemonia“ probieren.

Steht man kurze Zeit später zwischen dem kunstfertig geschnitzten Chorgestühl im hinteren, abgetrennten Bereich der Kirche, dann rechnet man jeden Augenblick damit, dass die Mönche aus ihrem benachbart gelegenen Dormitorium treten und zur Mitternachtsmesse erscheinen. Dieser Gedanke ist fast ein wenig unheimlich, sodass man sich freut, nicht allein unterwegs zu sein. Am Ende des Rundgangs darf sich die Gruppe mit einer dampfenden Tasse Glühwein in Händen wärmen und das Erlebte im Gespräch vertiefen.

- Kloster Maulbronn, Klosterhof 5, 75433 Maulbronn, Tel. (0 70 43) 92 66 10 (Infozentrum), www.kloster-maulbronn.de
- ÖPNV: Haltestelle Alte Post (von dort 10 Minuten Fußweg), Haltestelle Kloster; Freizeitexpress Kloster Maulbronn (www.klosterstadt-express.de)

Das Runde muss ins Runde

38

Adventuregolfpark Kürnbach

Eine Mischung aus Golf und Minigolf – gibt es nicht? Gibt es doch, und zwar in Kürnbach, dem sogenannten Schwarzrieslingdorf im Herzen des Kraichgaus! Adventuregolf nennt sich das Ganze dann und ist ein herrlicher Spaß für die ganze Familie. Gespielt wird nicht etwa auf glatt betonierten Kurzbahnen, sondern auf naturähnlichen Kunstrasenflächen mit bis zu 30 Meter Länge. Die Regeln, nach denen hier um das beste, sprich niedrigste Gesamtergebnis gekämpft wird, sind dem Deutschen Golf Verband entliehen und finden in einer etwas vereinfachten und leicht verständlichen Form Anwendung.

Auf den Punkt gebracht: Das Runde muss mit möglichst wenigen Schlägen nicht ins Eckige, sondern ins Runde! Das wirklich Besondere dieser 18-Loch-Anlage ist ohne Zweifel der starke Regionalbezug, und genau der macht das Gelände zu etwas in dieser Form absolut Einzigartigem. Alles, wofür der Kraichgau steht, wurde hier in irgendeiner Art und Weise ins Gesamtkonzept integriert. Man überwindet beispielsweise spielerisch zahlreiche Hügel, bugsiert den Golfball zielsicher durch ein Weinfass, muss durch ein kleines, sich beständig drehendes Mühlrad treffen und mit beherztem Schlag einen Minibachlauf überwinden. Auch die Burg Steinsberg, die im Original auf der höchsten Erhebung im Kraichgau steht, wurde im Miniaturformat nachgebaut und muss auf Bahn sieben bezwungen werden.

TIPP

Es gibt Wein-Schlaffässer zum Übernachten und der Kraichgau Märchenwald ist zu Fuß schnell erreicht.

Wie aus dem Golfsport allgemein bekannt, können Bälle auch hier verloren gehen, beispielsweise im hübsch begrünten Teich, doch danach tauchen muss man nicht. Ersatz gibt es zusammen mit aufmunternden Worten am Kiosk, und sollte man auf den Schreck hin einen Schluck brauchen, dann nimmt man am besten im Biergarten Platz. Dort lockt das „kühle Blonde“ und sofern man Lust hat, gibt es obendrauf gleich noch eine Currywurst. Ganz ohne Reue, denn nach rund 2 Stunden spielerischen Sports hat man sich die Kalorien ja bereits im Voraus abtrainiert.

- Adventuregolfpark Kürnbach, Hinterm Schloss 1, 75057 Kürnbach, Tel. (0 72 58) 9 50 96 62, www.adventuregolfpark-kuernbach.de
- ÖPNV: Haltestelle Ober-Tor-Platz

Von der Natur inspiriert

39

„Einzig-artiger“ Malworkshop in Oberöwisheim

Wer sagt eigentlich, dass man mit einem Pinsel malen muss? Bettina Hartlieb jedenfalls nicht, denn in ihren „einzig-artigen“ Malworkshops gibt es fast alles, nur keine borstigen Helferlein. Auch künstliche Pigmente braucht es in den Augen der Hobbykünstlerin nicht. Kurkuma, Dill, Kohle und Erde – die Natur bietet eine solch reichhaltige Farbpalette an, man muss sich nur bedienen. Natürliche Materialien, Formen, Farben und Texturen sind für Bettina Hartlieb Quell der Inspiration, und ihr Wissen und die Technik gibt sie in ihren Kursen liebend gerne weiter.

Wer bei ihr einen Malworkshop bucht, wirft gleich zu Beginn im Kollektiv bestehende Konventionen über Bord und darf sich dann selbst und alle anderen mit kreativen Ideen überraschen. Was auf der grundierten Leinwand haftet und in der Scheune, im Hof und Garten zu finden ist, darf verwendet werden. Modelliert wird unter anderem mit Sand, Kaffeesatz und Pflanzenfasern – weshalb extra Pasten kaufen? In vielen Fällen ist das Kunstwerk am Ende nahezu bio, wenngleich es selbstverständlich auch möglich ist, mit Acrylfarben weitere Farbakzente zu setzen. Erlaubt ist, was gefällt. Haben sich die Freizeitmaler erst einmal vom selbst auferlegten Leistungsdruck befreit, werkeln sie meist ganz vertieft und beglückt in bewusst kleiner Gruppe vor sich hin, Bettina Hartlieb natürlich mit Rat und Tat stets an ihrer Seite.

TIPP

Auch andere Events, Führungen und Ausflüge sind ab sechs Personen möglich!

Etwa 2 Stunden kreatives Schaffen, in denen man sich ganz auf das Hier und Jetzt konzentriert, alles andere ausblendet und als Ergebnis ein Unikat mit nach Hause nimmt, an dem man sich noch lange erfreuen kann. Einfach toll! Gruppen können sich vor dem kreativen Teil von der ausgebildeten Natur- und Landschaftswanderführerin durch den reizvollen Kraichgau geleiten lassen und die einprägsamen Bilder der Natur in die Malscheune mitnehmen. Dort ist dann alles für sie vorbereitet und es kann losgehen. Kurzum: Wer die Natur liebt und sein Künstler-Ich herauskitzeln möchte, der ist bei Bettina Hartlieb goldrichtig!

- einzigArt, Bachstraße 30, 76703 Kraichtal-Oberöwisheim, Tel. (01 76) 57 86 35 84
www.ein-zig-art.de
- ÖPNV: Haltestelle Oberöwisheim (von dort 10–12 Minuten Fußweg)

Eisträume vom Hof

40

Hofmanns leckeres Eis vom Bauernhof in Freudental

Mmh, Apfeleis mit Karamell-Crumble, Milchreiseis und selbst gemachte Zimtsoße, ein geheimnisvolles rosa Eis mit roter Glitzersoße für die kleinen Besucher – die Ideen gehen Wenke Hofmann ganz sicher nicht aus, ganz zur Freude ihrer Gäste, die immer wieder den Weg zu ihr auf den Hof in Freudental finden. Seit vielen Jahren zaubert sie dort mit großer Leidenschaft und reichlich Kreativität aus hofeigener Milch und frischen Früchten selbst gemachtes Eis.
Lustige Namen tragen die Eiskreationen auf dem Hofmannschen Hof und machen Lust auf mehr. Warum sollte man sich zwischen der „Wilden Hilde" oder der „Flotten Berta" entscheiden, wenn im Bauch Platz für beide ist? Es ist alles eher eine Frage der Zeit, und die darf man sich bei einem Besuch hier nehmen. Man könnte sich also in die hölzerne Hollywoodschaukel setzen, den Blick über grüne Wiesen und goldgelbe Äcker schweifen lassen und dabei Portion Nummer 1 genießen. Nach einer kleinen Verdauungsrunde rund um den Bauernhof, über Feld und Flur, zu Fuß oder mit dem Rad, ist der Appetit dann wieder da und der zweite Becher willkommen. Ja, manchmal darf man sich einfach etwas gönnen, und ein Besuch auf dem Hof bedeutet weit mehr als nur Eisgenuss, er ist Balsam für die Seele. Mal für einen überschaubaren Zeitraum der Hektik des Alltags entfliehen und die eigene Uhr etwas langsamer ticken lassen. Wer länger bleiben will – eine Ferienwohnung wäre da. Ruhe, gesunde Luft und saftiges Grün – Landidylle pur! Und dann noch die illustre Gesellschaft von Kuh Jaqueline und den anderen schwarz-bunt gefleckten „Damen" – einfach „kuhl"! Nach dem letzten Löffel Eis bleibt man am besten eine Weile ganz gemütlich sitzen und schaut den stoisch rechts oder links kauenden Kühen beim Wiederkäuen zu. Das hat fast eine meditative Wirkung und gibt dem Magen Zeit für eine letzte Entscheidung: Geht noch eins oder nicht?

TIPP

Ab Ende November kann man Weihnachtseissorten wie Apfel-Karamell-Zimt bestellen.

● Hofmanns leckeres Eis vom Bauernhof, Stutenweg 1, 74392 Freudental, Tel. (0 71 43) 40 69 08, www.hofmann-freudental.de

● ÖPNV: Haltestelle Post (von dort rund 10 Minuten Fußweg)

Eis-Manufaktur
Herstellung aus eigener Milch hier auf dem Hof.
Hofmanns
Leckeres Eis vom Bauernhof
74392 Freudental
Aussiedlerhof · Stutenweg 1
Tel. 0 71 43 / 40 69 08
www.hof-eis.de

„Ja, gugg-e-mol!“

41

Das Kellertheater in Bretten

Theater soll in erster Linie unterhalten und kleine Alltagsfluchten möglich machen. Im Idealfall vergisst der Zuschauer für kurze Zeit alles um sich herum, wird regelrecht hineingezogen in die Geschichte. Bei großen Häusern ist das eher schwierig, zu weit sind hier die Entfernungen zwischen Publikum und Bühne. Beim Gugg-e-mol-Theater in Bretten ist das anders. Das Kellertheater ist wunderbar klein, und die wenigen Sitze schaffen eine heimelige Wohnzimmeratmosphäre, in der das völlige Eintauchen, selbst von den hintersten Plätzen, problemlos möglich ist. Fast hat man das Gefühl, man könne mitsoufflieren, und die Schauspieler könnten es noch hören.

Man ist im wahrsten Sinne des Wortes nah dran am Spiel und den Spielenden und kann im Anschluss an das Stück, gemeinsam mit dem Ensemble, den Abend in geselliger Runde gemütlich ausklingen lassen. Das eine oder andere Gläschen und etwas zum Knabbern gibt es begleitend dazu immer an der Bar. Der krönende Abschluss jeder Erstaufführung ist das üppige Buffet, zu dem die abendlichen Gäste selbstverständlich alle eingeladen sind. Das war schon beim allerersten Stück vor nun beinahe 40 Jahren der Fall, und das ist bis heute so.

Was sich jedoch verändert hat: Der Keller ist heutzutage ein anderer, und die Besucher zahlen mittlerweile ihren Eintritt doch tatsächlich mit Geld. Bei der Premiere 1992 durfte man noch Karte gegen Sitzgelegenheit tauschen, fehlten der Theaterriege zu diesem Zeitpunkt geldmangelbedingt die Stühle. Alles war anfangs eher improvisiert, und noch immer ist ein Hauch davon zu spüren. Es sind eben alles Laienschauspieler und Ehrenamtliche, die das Programm und die Arbeit mit Leidenschaft stemmen, und genau dies ist auch das Besondere. Es ist ein urgemütliches Theater mit Herz, in dem man gerne zusammenkommt, meistens auf bekannte Gesichter stößt, denn „Wiederholungstäter“ gibt es viele, und in fröhlichem Beisammensein einen wundervollen Abend verlebt.

TIPP

Nachmittags das Deutsche Schutzengelmuseum besuchen und auf dem historischen Marktplatz essen gehen.

● Gugg-e-mol Kellertheater Bretten, Untere Kirchgasse 10, 75015 Bretten, Tel. (0 72 52) 8 72 35, www.gugg-e-mol.de

● ÖPNV: Haltestelle Bretten Stadtmitte, Haltestelle Sporgasse (von dort jeweils 5–8 Minuten Fußweg)

Im Garten der Düfte

42

Rosengarten Oberderdingen

Manchmal sind es eher die kleinen Dinge, Ecken und Plätze, die einem ein Lächeln aufs Gesicht zaubern. Der Oberderdinger Rosengarten, den der auch international sehr erfolgreiche Rosenzüchter Karl Hetzel einstmals ersonnen hat und der schließlich 1993 eröffnet wurde, ist ein solcher Ort. Klein, aber fein, wie der Volksmund so schön sagt. Rund 60 verschiedene Sorten sind in der Anlage zu bestaunen, darunter selbstverständlich die „Derdinger Sommer", die der inzwischen verstorbene Züchter eigens für seine Heimatgemeinde erschaffen hat. Aber auch die weltweit erste vollkommen stachellose Edelrose, die 1986 von Königin Silvia von Schweden auf den Namen „Kronprinzessin Victoria" getauft wurde, entdeckt man hier. Interessierte können die Namen der Rosen und das jeweilige Zuchtjahr auf entsprechenden Hinweistafeln finden.

TIPP

Zur Hauptblütezeit im Sommer ist auch das Filple-Bad gegenüber geöffnet.

Im Sommer zieht der Garten nicht nur ausgemachte Rosenfreunde an, sondern auch erholungsbedürftige Derdinger und Ausflügler, deren Neugier durch die gut sichtbar platzierten Schilder im Dorf geweckt wurde. Eine gute Entscheidung, denn der Besuch lohnt sich und die entspannte Ruhe im Garten lädt dazu ein, den Alltag mal für einen kurzen Moment hinter dem hölzernen Zaun zurückzulassen. In der Hauptblütezeit im Juni und Juli beeindrucken sowohl die intensiven Farben als auch betörende Düfte, die einem immer mal wieder um die Nase wehen. Überall summt und brummt es, und da die Insekten schon so fleißig sind, kann man sich selbst mal eine Verschnaufpause gönnen und im Schatten der Gehölze auf einer der Bänke Platz nehmen.

Sehen, riechen und möglichst an nichts denken. Wenn man Glück hat, dann durchbricht die Stille, wenn überhaupt, nur das Plätschern des Brunnens, der zentral in der Mitte des Gartens steht und auf den der Blick sofort fällt, sobald man das Eingangstor durchschritten hat. Wie schön, dass aus einer Idee ein solch schöner Ort geworden ist, der glücklicherweise 30 Jahre nach der Eröffnung nach wie vor Herzen erfreuen kann.

- Rosengarten Oberderdingen, 75038 Oberderdingen, Tel. (0 70 45) 20 27 68 (Infothek)
- ÖPNV: Haltestelle Freibad

Weinliebhaberparadies

43 Die Sommelière in Bruchsal

Wie könnte wohl ein Glücksort für Weinliebhaber aussehen? Nun, es wäre sicherlich ein Ort, an dem man besondere Weine nicht nur kosten und kaufen, sondern in Begleitung speziell darauf abgestimmter Speisen auch in netter Gesellschaft genießen könnte. Es gäbe die Möglichkeit, sommertags mit einem erlesenen Tropfen entspannt im Freien zu sitzen, und im Winter wäre es drinnen heimelig und behaglich. Und nicht zuletzt: Ganz egal, für welchen Anlass, welches Gericht und welches Budget, dank fachkundiger Beratung gäbe es stets den perfekten Einkaufs- und Geschenketipp. Tja, und genau so ein Weinparadies gibt es bereits! Die Sommelière in Bruchsal ist tagsüber gut sortiertes Fachgeschäft (mit Schwerpunkt Europa) und an speziellen Abenden in der Woche gemütliches Bistro. Eine Kombination, die keine Wünsche offen lässt!

Vorne, im eigentlichen Verkaufsraum, stapeln sich die Weinflaschen vom Boden bis zur Decke. Ein schöneres Ambiente könnte es für passionierte Weintrinker wohl kaum geben. Und im hinteren Raum sitzt man wie bei Oma in der guten Stube, umgeben von antikem Mobiliar, und, was im Winter kaum zu toppen ist, einem Wärme spendenden Ofen. An den Bistrotagen, immer donnerstags und freitags, kocht die Chefin höchstpersönlich für ihre Gäste. Meist zwei mitunter sehr kreative Gerichte mit einem Hauch Exotik bietet Iwona Herzog pro Woche an, ergänzt um eine Vorspeise und ein Dessert, was braucht man als Gast mehr? Da versteht es sich von selbst, dass eine vorherige Reservierung sinnvoll ist, denn die begrenzten Plätze sind heiß begehrt.

Übrigens, manches Produkt, mit dem die Gastgeberin gerne kocht, wird der Suchende in der Feinkostecke des Ladens wiederfinden. Man kann dort das eine oder andere schöne Mitbringsel für andere entdecken oder sich einfach selbst einmal eine Freude machen. Die Sommelière – Weinfachgeschäft, Degustationen, Feinkost und Weinbistro, ein außergewöhnlicher Wohlfühlort für Weinliebhaber.

TIPP

Das aktuelle Wochenmenü finden Interessierte immer ab Mittwoch auf der Website.

- Die Sommelière, Kübelmarkt 26, 76646 Bruchsal, Tel. (0 72 51) 30 41 58 www.diesommeliere.de
- ÖPNV: Haltestelle Bruchsal Bahnhof (von dort rund 10 Minuten Fußweg), Haltestelle Kübelmarkt

Schwabe trifft Inder

44

Restaurant Zinsers Flämmle in Neipperg

Neipperg ist ein kleines, bezauberndes Örtchen im Hügelland nahe Brackenheim, dem man unbedingt einmal einen Besuch abstatten sollte. Auf einer Anhöhe liegt die Burg und gleich neben der Kirche ein echtes Kleinod. Das Zinsers Flämmle ist der perfekte Ort für Genießer! Ob es nun das urgemütliche Fachwerkhausambiente ist, der wunderschöne Garten oder natürlich das außergewöhnlich leckere Essen. Heimatlich soll dieses sein, und das bedeutet in diesem Fall: Der Schwabe in der Küche kocht schwäbisch und der gebürtige Inder eben indisch. So einfach lässt sich das kulinarische Konzept „Schwabe trifft Inder" beschreiben. Die Begeisterung und Leidenschaft, die beide fürs Kochen mitbringen, schmeckt man einfach. Selten bekommt man etwas so Delikates auf den Teller, und das dazu noch in so besonderer Atmosphäre. „Alt trifft Moderne" ist das unübersehbare Motto. Die vielen stylischen und farbenfrohen Inneneinrichtungsakzente heben das Historische des altehrwürdigen Schulhauses kontrastreich hervor. Im Garten findet man überall liebevolle kleine Details – seien es die vielen bunten Kissen auf den Bänken und Stühlen, der beruhigend plätschernde Brunnen, die Spitzenbordüren an den kleinen Blumenväschen auf dem Tisch oder aber die rotmützigen Gartenzwerge zwischen den üppig bepflanzten Kübeln. Ja, der Flämmle-Garten ist ein wirkliches Highlight!

TIPP

Weinliebhaber sollten unbedingt einen Blick in die hauseigene Vinothek werfen.

Selten findet man einen so idyllischen Wohlfühlort, und dann wird man hier auch noch nach allen Regeln der Kunst kulinarisch verwöhnt. Was will man mehr? Wem da nicht automatisch ein glückseliges Lächeln übers Gesicht huscht, der sollte sich unbedingt vom Wahlzwang zwischen schwäbisch und indisch befreien und gleich einen zweiten Gang bestellen, aber dieses Mal vom anderen Koch. Warum sich entscheiden müssen, wenn man beides haben kann?

Übernachten kann man im Zinsers Flämmle inzwischen auch, und so könnte man gleich mehrere Tage im schönen Neipperg verbringen.

● Zinsers Flämmle, Leintalstraße 15, 74336 Brackenheim-Neipperg, Tel. (0 71 35) 9 38 70 60, www.zinsersflaemmle.de

● ÖPNV: Haltestelle Neipperg Schule

Einfach himmlisch

45

Im Astronomiepark Kraichtal

Man möchte sich kneifen, nur um sicherzugehen, dass man nicht träumt. Ein 4000 Quadratmeter großer Astronomiepark inmitten von Reben? Für alle Himmelsinteressierten ein „Träumchen", aber dennoch real! Und es waren nicht etwa Außerirdische, die all die riesigen Modelle und kreisförmigen Anlagen erschaffen haben. Es waren Menschenhände, genauer gesagt: die Hände von Roland Zimmermann.
Angefangen hat alles im Jahr 1997 mit einem Fernglas und einem kleinen Teleskop. Nach und nach wurden die Gerätschaften zahlreicher und größer und mit ihnen seine Leidenschaft. Was braucht ein Hobbyastronom außer Beobachtungsgeräten noch? Dunkelheit! Diese fand Zimmermann auf seinem Weinberggelände außerhalb des Dorfes, doch störten hier die Reben. Also nahm er kurzerhand die Rebstöcke runter und stellte Beobachtungsplätze drauf. Fertig! Die bis zu 30 Meter (im Durchmesser) großen Modelle kamen dann peu à peu hinzu, und zwar inspiriert durch die Fragen Neugieriger.
Mit seiner humorigen Art bringt er bei seinen regelmäßig stattfindenden kostenlosen Führungen und Veranstaltungen Komplexes derart kurzweilig rüber, dass Lernen zum Vergnügen wird. Von Anfang an per Du werden die Besucher kurzerhand in seine Demonstrationen eingebunden. „Du bist jetzt mal die Sonne und du die Erde", instruiert Zimmermann eine Frau und einen Jungen und lässt dann „die Erde" um „die Sonne" kreisen. Lustig geht es zu, und es wird sehr viel gelacht. Besonders beeindruckend ist das maßstabsgetreue Modell unseres Sonnensystems im Zentrum der Gesamtanlage. Auf dem Planetenweg werden die Entfernungen der Himmelskörper zur Sonne ins richtige Verhältnis gerückt, aber nur bis zum Jupiter, da das Grundstück eben auch seine Grenzen hat, merkt der „Herr der Sterne" schmunzelnd an.
Wer das Gelände auf eigene Faust erkunden möchte, kann dies ebenfalls tun, zahlreiche Erklärtafeln und QR-Codes helfen dabei. Die eindrücklichsten „Sternstunden" kann man aber sicherlich bei den geführten Beobachtungsabenden erleben.

TIPP

Eine Rundwanderung vom Park über den Pfannwaldsee, die Galgenhohle und wieder zurück unternehmen.

- Astronomiepark Kraichtal, Kohlplatte Nr. 1, 76703 Kraichtal-Oberöwisheim, Tel. (0 72 51) 6 96 08, www.sternwarte-kraichtal.de
- ÖPNV: Haltestelle Zeutern (von dort rund 45 Minuten Fußweg)

Astronomie für Kinder

Hier stimmt alles

46 Im Biergarten der Seemühle Vaihingen/Enz

„Ich habe einen sehr einfachen Geschmack – ich bin immer mit dem Besten zufrieden." Dieser Satz, der von Oskar Wilde stammen soll, ziert die Speisekarte der Seemühle in Vaihingen/Enz und verheißt nur Gutes. Und tatsächlich, hier sind die Spätzle noch handgemacht und die Soßen werden klassisch angesetzt und über viele Stunden hinweg geduldig geköchelt. Gutes braucht eben seine Zeit. Eingekauft wird regional, denn man möchte die Transportwege kurz und die Waren frisch halten.

Doch den Köpfen hinter der Seemühle ging es nie ausschließlich nur ums Essen. Als Inklusionsunternehmen wollte man in erster Linie Arbeitsplätze für Menschen mit Schwerbehinderung schaffen. 50 Prozent der Beschäftigten haben eine solche und arbeiten mit den anderen Kollegen Seite an Seite erfolgreich zusammen. Jeder wird dort eingesetzt, wo seine individuellen Stärken optimal zum Tragen kommen und die Freude an der Tätigkeit spürbar ist. Diese sonnige Stimmung erlebt man als Gast vom ersten Augenblick an. Spielt dann noch das Wetter mit, so kann man sich in den von drei Seiten umschlossenen gemütlichen Biergarten unter die stattliche Kastanie setzen und mit einem guten Tröpfchen in der Hand in aller Ruhe nach dem Rad Ausschau halten, das der Mühle einst ihre Bestimmung gab. Dieses wird man beim Umherblicken zwar nicht mehr entdecken, dafür aber das steinerne Haupthaus von früher, welches nach wie vor seinen ganz besonderen Charme versprüht.

Der Kaffee, als krönender Abschluss des Essens, stammt aus der Mundwerk-Kaffeemanufaktur und ist durch die schonende Trommelröstung der Bohnen hocharomatisch. Wie gut, dass man die Bohnen in der Seemühle auch käuflich erwerben kann.

Übrigens, seit es auf dem Gelände eine Tagespflegeeinrichtung gibt, wird zusätzlich Mittagessen serviert, an dem sich neben den Senioren auch Radler, die den benachbart gelegenen Enztalradweg befahren, und sonstige Ausflügler und hungrige Münder erfreuen dürfen. Toll! Ein Abstecher hierher macht ganz sicher Lust auf mehr.

● Seemühle, Seemühle 11, 71665 Vaihingen/Enz, Tel. (0 70 42) 2 60 70 70
www.seemuehle-vaihingen.de

Eine wahre Augenweide

47 Letzenbergkapelle in Malsch

Manchmal findet man Schönheiten dort, wo man sie nicht unbedingt sofort erwartet. In Malsch, einer knapp 3500 Seelen zählenden Gemeinde bei Wiesloch, kann man eine solche entdecken. Hoch oben, einseitig umrahmt von Weinberghängen und inmitten einer großen Lichtung, steht ein wahres Juwel – die Letzenbergkapelle. 75 Meter thront sie über dem Dorf und ist als dessen Wahrzeichen schon von Weitem zu erkennen. Doch nicht nur Einheimische und sonstige Ausflügler besuchen Jahr für Jahr dieses ganz besondere Gotteshaus, auch Pilger kommen an ihm vorbei, führt doch der Jakobsweg Rothenburg-Speyer über den wunderschönen Letzenberg.

Wer den zugegebenermaßen etwas steilen Aufstieg über den Kreuzweg vom Dorf aus schafft, wird auf dem Berg angekommen mit einer umwerfenden Panoramasicht gebührend belohnt – passendes Wetter natürlich vorausgesetzt. Im Westen erstreckt sich das Rheintal und auf der anderen Seite bieten sich wunderbare Weitblicke über den hügeligen Kraichgau. Auch die Wallfahrtskapelle selbst ist mit ihrem achteckigen Grundriss und dem herrlich ungewöhnlichen grün-weiß-rot gedeckten Dach eine wahre Augenweide. Und es gibt noch eine Besonderheit: Bei größerer Besucherzahl finden die Gottesdienste auf dem Letzenberg draußen statt, und dies nicht nur zur Pferdewallfahrt am letzten Sonntag im September, denn im Inneren der Kapelle finden lediglich 30 Personen Platz.

TIPP

Man kann auch mit dem Auto hochfahren. Informationen zur Kapelle findet man vor Ort.

Apropos, wer sich nicht so sehr für das Innenleben von Kirchengebäuden begeistern mag, dem sei gesagt: Ein Besuch dieses Ortes lohnt sich trotzdem! Einmal abgesehen von der tollen Aussicht kann man sich einfach ein schönes Bankplätzchen auf der Lichtung suchen, sich die Sonne auf die Nasenspitze scheinen lassen und die besondere Atmosphäre dort oben in vollen Zügen genießen. Hinsetzen, zur Ruhe kommen und Kraft tanken. Dieser Platz ist dafür wie gemacht!

- Letzenbergkapelle, 69254 Malsch
- ÖPNV: Haltestelle Gasthaus Rose (von dort rund 20 Minuten über den steil ansteigenden Kreuzweg)

Wiesenidylle und Kuhkomfort

48

Auf dem Schülenswaldhof bei Maulbronn

Wie idyllisch! Das sind die ersten Gedanken, die einem in den Sinn kommen, wenn man sich dem Schülenswaldhof nähert. Zwischen sanften Hügeln, umgeben von saftigem Grün, liegt er zwischen Zaisersweiher und Diefenbach inmitten des Naturparks Stromberg-Heuchelberg. Wiesen, Wälder, Weinberge und tiefenentspannte Kühe, die den Hof ihr Zuhause nennen und auf den üppigen Weideflächen ringsherum geradezu paradiesische Zustände vorfinden. Es mangelt den gefleckten „Mädels" wirklich an nichts: Frisches Gras und würzige Kräuter im Maul, jahrhundertalte Eichen als Schattenspender im Rücken und stets eine nette Gesellschaft um sich rum. Doch damit nicht genug, wahrer Kuhkomfort geht auf dem landwirtschaftlichen Anwesen der Familie Förster weit darüber hinaus. Elektrische Massagebürste, Schrubbelzone, Kuhdusche und im Winter ein warmer und weicher Liegeplatz im Stall – so sieht das Wellnessprogramm für die „behufte Dame" von heute aus.

TIPP

In der Gegend kann man hervorragend wandern und Fahrrad fahren.

Der Kompoststall ist das Herzstück des Biolandbetriebes und ganzer Stolz der Familie, die den „Laden" mittlerweile in der zweiten Generation und mit viel Herzblut schmeißt. Besuchen kann man Hof und Stall übrigens auch ohne angemeldete Führung. Ein beschilderter Rundgang, der am Parkplatz gegenüber dem Milchhäusle beginnt, macht das Erkunden auf eigene Faust möglich. Hierbei lässt sich einiges über moderne Landwirtschaft und das Thema „Kuhwohl" lernen, das den Försters sehr am Herzen liegt.

Mit diesem Wissen im Gepäck kommt der Besucher dann gerne als Kunde wieder und nimmt im Selbstbedienungsmodus unter anderem frische Milch, eigenen Käse oder Eier mit. Dank der gut bestückten Automaten kann man seine Einkäufe dann noch erledigen, wenn die Hofbewohner bereits friedlich schlummern. Sehr praktisch! Wer dem Hund Alwin, den Katzen, Schweinen, Hühnern, Kälbern und natürlich Kühen gerne einen längeren Besuch abstatten möchte, der kann dort auch entspannte Urlaubstage verbringen. Entschleunigung garantiert! Einfach nach der Ferienwohnung fragen.

● Schülenswaldhof, Schülenswald 1, 75433 Maulbronn, Tel. (0 70 43) 22 06
www.schuelenswaldhof.de

Milch-Häusle

Auf dem Gipfel

49 Waldschenke Hörnle in Dürrenzimmern

Das Horn von Brackenheim liegt im Stadtteil Dürrenzimmern hoch oben in den Weinbergen. Der Besitzer der dort ansässigen Waldschenke Hörnle gerät richtig ins Schwärmen, wenn er von dem aussichtsreichen Platz erzählt. Man könnte es wohl einen Kraftort nennen, an dem bereits die Wengerter von einstmals gerne ihre Pause machten. Zu jenen Zeiten stand just an der Stelle noch nicht viel, doch das hat sich mittlerweile gravierend geändert.

Ein beeindruckendes Ausflugsrestaurant mit Wein- und Biergarten sowie ein Waldspielplatz für die Kleinen sind im Lauf der Jahre hier entstanden. Gekocht wird noch „wie bei Muttern", und der Hausherr schwingt dafür zumeist höchstselbst die Löffel. Saucen, Dressings und Spätzle aus der Packung? Das kommt ihm überhaupt nicht in die Tüte, und „weil's eben nicht Wurst isch", stammen diese aus einer hiesigen Dorfmetzgerei. Als Allergiker freut man sich, dass die eigenen Nöte hier keinem „Wurst" sind, die Hinweise auf der Karte machen dies deutlich. Viele Gründe, die erklären, weshalb sich so viele Stammgäste zur Mittagszeit und natürlich auch zu späterer Stunde auf dem Hörnle tummeln.

TIPP

Am Hörnle gibt es eine E-Bike-Ladestation.

Doch nicht nur qualitätsbewusste Esser und Familien zieht es auf den Berg, Verliebte auf der Suche nach einem romantischen Fotospot kommen ebenfalls gerne hierher. Der atemberaubende Ausblick von dort oben ist wohl auch nur schwerlich zu toppen und ein tolles Bild garantiert. Apropos oben, die Bedürfnisse manch seiner Stammkunden haben den kreativen Tausendsassa vor Jahren auf eine grandiose Idee gebracht. Wer nicht zu Fuß durch die wunderschöne Weinberglandschaft schlendern kann oder möchte, der kann sich am Hörnle ein E-Tuk-Tuk mieten und ganz umweltfreundlich und total entschleunigt durch die herrliche Gegend cruisen. Und danach? Die Karte verheißt leckerstes „Hüftgold" in Form von Kuchen, Apfelstrudel und Germknödeln. Könnte das nicht ein genussreicher Abschluss des Besuches auf dem Hörnle sein?

● Waldschenke Hörnle, Hörnle 1, 74336 Brackenheim-Dürrenzimmern, Tel. (0 71 35) 1 25 15, www.waldschenke-hoernle.de

Mit den Füßen im Sand

50 Erlebniswelt Sommer am See in Langenbrücken

Es ist nicht sinnvoll, für einen Tag Strandurlaub in den Flieger zu steigen. Das muss man jedoch auch nicht, wenn man im Kraichgau und Umgebung wohnt und der Philippsee damit von überall entweder mit dem Rad, der Bahn oder dem Auto gut zu erreichen ist. Für kurze Zeit dem gewöhnlichen Trott entfliehen, Sand zwischen den Zehen spüren, einen kühlen Drink in der Hand, den Blick entspannt aufs Wasser richten und den Geist mal in den Leerlauf schalten. Eine traumhafte Vorstellung! Doch es muss nicht beim Träumen bleiben – einfach die Badehose und das Entchen einpacken und losfahren.

Das Sommer-am-See-Team hat mit der gleichnamigen Erlebniswelt in Langenbrücken den perfekten Ort für kleine Alltagsfluchten geschaffen. Sandstrandfeeling, Liegestühle unter schilfgedeckten Sonnenschirmen, im Sommer teils tropisch warmes Wasser und als Krönung eine Strandbar, die ebenso an einem Strand in der Karibik stehen könnte. Paradiesisch! An manchen Stellen ist der See vom Uferbereich aus gesehen so seicht, dass man meterweit hineinlaufen kann, bis der Boden unter den Füßen schwindet und man schließlich mit Schwimmbewegungen beginnen sollte. Wenn dann das Wasser bei passendem Lichteinfall noch türkisfarben im warmen Sonnenlicht schimmert, dann hat man endgültig das Gefühl, an einem Traumurlaubsort gelandet zu sein.

TIPP
An einem schönen Abend auf einen Sundowner an die Strandbar setzen.

Nun ja, einen Unterschied gibt es allerdings doch. Anstelle einer Stange Geld für solch eine Kurzreise hinzublättern, zahlt man an der offenen und damit aber auch unbewachten Badestelle in Langenbrücken nichts, außer im Falle der Anreise mit dem Auto eine überschaubare Parkplatzgebühr. Das klingt fair. Wenn man sich dann noch vor Augen hält, dass es hier nicht nur kleine Snacks für zwischendurch wie Pommes und Eis, sondern auch ausgewachsene Tellergerichte und gesunde Salate gibt, bei deren Zubereitung man dank offener Küche sogar zuschauen kann, dann gibt es eigentlich kein Halten mehr und einem entspannten Tag am See steht nichts mehr im Wege.

- Sommer am See, Holzmüllerrichtweg 4, 76669 Bad Schönborn-Langenbrücken, Tel. (0 72 53) 2 09 48 18, www.sommeramsee-la.de
- ÖPNV: Haltestelle Bad Schönborn Süd (von dort rund 20 Minuten Fußweg)

Im Rausch der Farben

51

Besuch der Kunstsammlung Heinrich

Jedes Jahr strömen Abertausende aus aller Welt ins kleine Städtchen Maulbronn, um dort die berühmte Zisterzienserabtei zu besichtigen. Den wenigsten Besuchern dürfte allerdings bekannt sein, dass nur wenige 100 Meter vom Kloster entfernt eine weitere Topattraktion auf sie wartet. Die Kunstsammlung Heinrich ist sicherlich nicht nur für Kunstverrückte eine echte Perle. Es ist das Gesamtpaket, das diesen Ort zum Glücksort macht: Bilder, die ohne Weiteres auch in den Museen großer Metropolen hängen könnten, die Geschichte zweier Eheleute, die durch eine Aneinanderreihung verschiedener Glücksmomente überhaupt erst zu Sammlern wurden, und das ehemalige Schafhofgelände des Klosters, auf dessen Grund und Boden das heutige Museum steht.

Es waren viele glückliche Zufälle, ungewöhnliche Freundschaften und jede Menge inspirierender Begegnungen, die letztlich dazu führten, dass just diese Bilder nun im Museum hängen. Schwerpunkt der Sammlung ist die Berliner Kunst der 1970er- und 1980er-Jahre, die in dieser Dichte weltweit vermutlich einzigartig und in ihrer Intensität und Farbigkeit schlichtweg beeindruckend ist. Zweifelsohne, die Werke sind „laut, heftig und explosiv“, wie die Ausstellungsmacher selbst darüber sagen. Seit 2014 werden diese besonderen Exponate einer breiten Öffentlichkeit zugänglich gemacht, nachdem mit dem eigens dafür sanierten Gebäude auf dem Schafhofareal eine passende Räumlichkeit gefunden wurde. Um die über 400 Bilder umfassende Kunstsammlung in ihrer Vollständigkeit für die Nachwelt zu erhalten, bekam die Stadt den einstmaligen Privatbesitz zwischenzeitlich in Form einer Stiftung geschenkt. Eine kurze filmische Einführung in die Geschichte des Museums erhält der Besucher vor Ort. Regulär besuchen kann man die Ausstellung derzeit immer sonntags, und falls es einen im Anschluss noch nach einer schönen Tasse Kaffee und einem leckeren Stückchen Kuchen gelüstet, das museumseigene Café bietet zum perfekten Glück gleich beides an.

TIPP

Der Schafhof beheimatet ein weiteres Museum und zehn Porträtbüsten berühmter Klosterschüler.

● Kunstsammlung Heinrich, Schafhof 2, 75433 Maulbronn, Tel. (0 70 43) 1 03 10
www.kunstsammlung-heinrich.de

● ÖPNV: Haltestelle Altes Stadtbad, Haltestelle Stuttgarter Straße;
Freizeitexpress Kloster Maulbronn (www.klosterstadt-express.de)

Meeresbrise ohne Meer

52

Am Gradierwerk in Bad Rappenau

Riecht es hier nach Meer? Ja, gewissenmaßen schon. Am Gradierwerk im Salinenpark in Bad Rappenau herrscht in gewissem Sinne eine dauerhafte Meeresbrise, nur ohne Meer. Das ist dadurch möglich, dass in der 30 Meter langen und gut 8 Meter hohen Anlage Sole über Tausende von Reisigbüscheln rieselt, dort verdunstet und die Umgebungsluft auf diesem Wege mit gesundem Salz anreichert. Nichtverdunstetes wird wieder nach oben gepumpt und läuft abermals über das Reisig nach unten. Es versteht sich von selbst, dass ein Besuch des Gradierwerks für Allergiker und Asthmatiker äußerst heilsam ist, aber auch Lungengesunde genießen die stille Pause hier sicherlich in vollen Zügen.

Die vielen Bänke und Liegen rund um die Anlage laden jeden dazu ein, eine kurze Rast einzulegen, zu entspannen und einfach nur zu atmen. Eine durch und durch wohltuende Erfahrung! Und das Beste daran: Dieses Vergnügen gibt es ganzjährig und völlig kostenlos.

Fast, aber nicht ganz umsonst ist hingegen die Themenführung „Salz und Sole", die in den Monaten April bis Oktober regelmäßig angeboten wird und äußerst lohnenswert ist. Nahrung für den Geist. Wer nicht nur diesen, sondern auch den Magen füttern möchte, sollte im Laufe des Tages irgendwann mal auf die kleine Parkanhöhe schlendern und im Kurcafé ein schönes Stückchen Kuchen schlemmen. Insbesondere den Wiener-Kaffeehaus-Spezialitäten hat man sich hier verschrieben.

Dermaßen gestärkt kann man alsbald weiterziehen und all die anderen Sehenswürdigkeiten im Salinenpark genauer in Augenschein nehmen. Es gibt zum Beispiel ein großes Lavendellabyrinth, verschiedene Lehr-, einen Besinnungs- und einen Barfußpfad, Mustergärten und für Bewegungsbegeisterte auch Aktiv-Parcours-Geräte. Über den Salinensteg gelangt man in den nördlich angrenzenden Kurpark und kann dort nach Belieben noch ein bisschen weiterflanieren.

TIPP

Das Bad Rappenauer Sole- und Saunaparadies „RappSoDie" oder das BikiniART-museum besuchen.

- Gradierwerk Bad Rappenau, 74906 Bad Rappenau
- ÖPNV: Haltestelle Bad Rappenau Bahnhof (von dort rund 15 Minuten Fußweg über Weinbrennerstraße), Haltestelle Bad Rappenau Kurpark (von dort rund 5 Minuten Fußweg)

Verborgene Schönheit

53

Der Schlosspark in Gemmingen

Unverhoffte Zufallsfunde sind doch oftmals die schönsten. Klar, die Gemminger kennen diesen wundervollen Ort, den die Gemeinde in den 1980er-Jahren erworben und im englischen Landschaftsgartenstil für sie angelegt hat. Für Auswärtige dürfte er jedoch noch ein Geheimtipp sein und für manch freudige Überraschung bei Entdeckung sorgen – der Gemminger Schlosspark, der etwas verborgen unweit der Durchfahrtsstraße liegt. Und wie es sich für eine Grünanlage dieses Namens gehört, gibt es benachbart natürlich auch ein Schloss, genauer gesagt das Herrenhaus der Familie von Gemmingen mit dem außergewöhnlich hübschen Renaissanceportal und märchenhaften Rundturm, der vom Park aus am besten zu bewundern ist.

Auf dem von einem Bachlauf gespeisten, von Weiden umringten und mit Seerosen bewachsenen Teich in der Mitte der Anlage ziehen Enten entspannt ihre Kreise und lassen sich dabei bereitwillig von den Besuchern beobachten. Diese sitzen bevorzugt im hübschen achteckigen hölzernen Pavillon oder auf den vielen Bänken sowie steinernen Sitzterrassen ringsherum. Doch nicht nur glückliche Vogelfamilien trifft man hier an, auch kleine Zweibeiner und ihre Eltern lieben den Park, allem voran den tollen Spielplatz auf der Nordseite etwas abseits. Die Lage ist perfekt, denn so können die Kinder herumtollen und Spaß haben, ohne dass ruhebedürftige Parkbesucher deswegen das Weite suchen müssten. Die Erholungsanlage ist groß genug für alle und wartet bei einem Rundgang ganz nebenbei mit der einen oder anderen Überraschung auf. So hat man beispielsweise aus zwei gestutzten Bäumen eindrucksvolle Kunstwerke geschnitzt und die bronzene „Gänseliesel“ mit ihren beiden gefiederten Gefährten, die Stiftung eines Bürgers, ist besonders für Kinder Anziehungspunkt. Ja, den geduldigen Gänsen mangelt es nicht an liebevoller Zuwendung und wer seiner Seele eine kleine Streicheleinheit verschaffen möchte, der sollte hierherkommen, sich ein lauschiges Bankplätzchen suchen und einfach etwas vor sich hin träumen.

TIPP

Alle zwei Jahre findet das Schlossparkfest statt und gleich um die Ecke gibt es einen Biergarten.

- Schlosspark Gemmingen, 75050 Gemmingen
- ÖPNV: Haltestelle Gemmingen Bahnhof (von dort rund 10 Minuten Fußweg), Haltestelle Gemmingen-West (von dort rund 5 Minuten Fußweg), Haltestelle Rathaus Platz

Kleinstadtjuwel

54

Unterwegs in Bönnigheim

In dieser hübschen Stadt am Rande des Strombergs wurde einst Literaturgeschichte geschrieben! Hier vollendete Sophie von La Roche (1730–1807) ihren ersten empfindsamen Briefroman „Geschichte des Fräuleins von Sternheim", der zum Bestseller wurde und sie weit über die Grenzen Deutschlands hinaus bekannt werden ließ. Den Namen der Autorin suchte man allerdings auf dem Cover vergeblich, denn das Buch wurde 1771 von C. M. Wieland zunächst anonym veröffentlicht. Seit 1999 ist der bemerkenswerten Pionierin und ihrem Werk im ehemaligen königlich-württembergischen Forstgefängnis ein kleines Museum gewidmet.

Doch nicht nur Literaturbegeisterte sollten den Weg nach Bönnigheim finden! Das Kleinstadtjuwel mit seinem reizvollen Kern ist derart facettenreich und bietet eine solche Fülle an Sehenswürdigkeiten, dass man am besten gleich mindestens eine Übernachtung einplant. Um sich dann vor Ort auf eigene Faust einen ersten Überblick über das Ausflugsziel zu verschaffen, kann man einen historischen Stadtrundgang unternehmen (eine Broschüre dazu wird gratis zum Download angeboten) und sich dabei ganz einfach vom „roten Faden" leiten lassen. Dabei erfährt der Besucher unter anderem, was es mit dem „Ganerbiat" auf sich hat, weshalb man gerade in Bönnigheim problemlos auf Schnapsideen kommen kann, wie es kommt, dass eine mittelalterlich geprägte Stadt ein wunderschönes Schloss im spätbarocken Stil beheimatet und vieles Spannendes mehr. Freunde beeindruckender Zimmermannskunst werden bei einem Rundgang durch die Gassen ebenfalls voll auf ihre Kosten kommen, denn Bönnigheim liegt an der Deutschen Fachwerkstraße, und das nicht ohne Grund.

Einen Überblick der etwas anderen Art gewinnt man, wenn man den Aussichtspunkt „Schauinsland" erklimmt, der über die „Lemberger-Tour" vom Schloss aus in gut 2 Kilometern zu erwandern ist.

Ja, „Bönnigheim ist immer eine Reise wert!", so steht es auf der Website der Stadt. Stimmt, kann man da nur sagen, und gerne auch öfters.

TIPP

Sonntags das Museum Arzney-Küche besuchen oder sich auf eine audiogeführte „Lauschtour" begeben.

- 74357 Bönnigheim, www.boennigheim.de
- ÖPNV: Haltestelle Am Schloss, Haltestelle Burgplatz

Könige der Lüfte

55 Flugvorführung auf der Burg Guttenberg

Oops. Der Vogel ist gelandet. Bloß wo? Etwas verdutzt schaut er schon drein, der Herr, neben dem der kleine Greifvogel spontan pausiert. Die einladende Banklehne bietet sich dafür aber auch wirklich an. Ja, so etwas und noch viel mehr Beeindruckendes kann das Publikum bei einer Flugvorführung der Deutschen Greifenwarte auf der Burg Guttenberg erleben. Die Vielzahl frei fliegender Greifen, die man bei einem Besuch vor Ort bewundern kann, ist schlichtweg fantastisch und lässt Klein und Groß regelmäßig staunen.

Einfach elegant und majestätisch sieht es aus, wenn Adler und Geier mit ausgebreiteten Schwingen und teilweise über 2 Meter Spannweite nahezu lautlos durch die Lüfte gleiten. Sie alle könnten jederzeit beschließen, nicht wiederzukommen, aber das tun sie nicht. Zu gut geht es ihnen in ihrem Übergangszuhause auf der Burg oberhalb von Neckarmühlbach. Also begeistern sie lieber ihre Zuschauerschaft und ziehen hoch über dem Neckar im freien Flug ihre Kreise, segeln kurz vor der Landung direkt über die Köpfe des Publikums hinweg oder hüpfen zur Abwechslung auch mal etwas ungelenk durch die voll besetzten Bankreihen. Ein echtes Erlebnis!

TIPP

Zusätzlich Zeit für den Besuch des Burgmuseums und der Burgschenke einplanen.

Das „Bodenpersonal" erklärt unterdies den Besuchern in einer durchaus charmanten und teilweise auch witzigen Manier alles Wissenswerte und Spannende über die Vögel und ist für die „Hauptdarsteller" der Vorführung beliebter Landeplatz. Denn sobald die gefiederten Burgbewohner auf Zeit ihr Ziel, also den Arm des Falkners, mit kräftigen Flügelschlägen erreichen, erwartet sie dort eine Belohnung.

Die Deutsche Greifenwarte hat es sich zur Aufgabe gemacht, kranke Tiere wieder gesund zu pflegen und ihre Schützlinge durch das gezielte Flugtraining auf ihre spätere Auswilderung vorzubereiten. Der Besuch bietet faszinierende Einblicke in diese wertvolle Arbeit. Also nichts wie hin!

- Burg Guttenberg, Burgstraße 1, 74855 Haßmersheim-Neckarmühlbach, Tel. (0 62 66) 3 88, www.burg-guttenberg.de
- ÖPNV: Haltestelle Gundelsheim (Neckar) Bahnhof (von dort 30–45 Minuten Fußweg), Haltestelle Neckarmühlbach Ort (von dort 10–15 Minuten Fußweg)

Genuss für Leib und Seele

56

BECKEREI Hofwirtschaft in Mühlbach

Eigentlich wollten die Becks bloß ihre Hochzeit feiern, doch es kam anders. Als die beiden auch nach langer Suche keine passende Örtlichkeit für ihr Fest fanden, nahmen sie die Dinge entschlossen selbst in die Hand und erweckten dafür ihr altes Steinmetzhaus aus dem Jahr 1900 endgültig aus dem Dornröschenschlaf. Das Ergebnis war so überzeugend, dass man den beiden von allen Seiten riet, diese traumhafte Feier-Location zukünftig mit anderen zu teilen. Die Idee kam an. Einige Behördengänge, Genehmigungen und Kurse später war dann die letzte Hürde genommen und die besondere Hofwirtschaft beschlossene Sache. Seit der Eröffnung der Beckerei im April 2019 darf man nun in regelmäßigen Abständen bei den beiden zu Gast sein und sich unter dem Motto „Hofgenuss für Leib und Seele" verwöhnen lassen. Die ganze Familie und liebe Freunde packen mit an, wenn an den etwa 20 bis 30 Öffnungstagen im Jahr der Handkarren mit dem Begrüßungsschild vor die Tür gefahren wird und ab diesem Moment jeder willkommen ist. Für den Leib ist unter anderem mit den Flammkuchenkreationen aus dem „heißesten Ofen Mühlbachs", selbst gemachten Maultaschen mit Kartoffelsalat und diversen kulinarischen Überraschungen wie Flammlachs oder Wildgulasch bestens gesorgt.

TIPP

Die Öffnungswochenenden und Events im Kalender vermerken und rechtzeitig reservieren.

Auch die Seele bekommt wie versprochen Nahrung, man muss sich nur umsehen und das stilvoll restaurierte Gebäude samt verspielter Dekoration auf sich wirken lassen. Es sind die kleinen Details, die diesen Ort so zauberhaft machen, wie der Kronleuchter in der ehemaligen Werkstatt und Garage, die Blümchen auf dem Tisch, die zartblau gestrichenen Fenstertüren und die eiserne Baumbank im lauschigen Innenhof. Die Atmosphäre ist persönlich und herzlich und man merkt, mit welcher Leidenschaft das Paar, das hauptberuflich eigentlich ganz andere Wege geht, die Beckerei betreibt. Ja, manchmal entsteht aus Verlegenheit etwas Fabelhaftes und als Gast darf man sich einfach freuen, dass es solch einen außergewöhnlichen und einladenden Ort gibt.

● BECKEREI Hofwirtschaft, Ochsenburger Straße 13, 75031 Eppingen-Mühlbach, Tel. (0 72 62) 20 60 70, www.beckerei-muehlbach.de
● ÖPNV: Haltestelle Mühlbach

Einfach beglückend

57 Auf dem WEITBLICKWEG in Hohenhaslach

Ein Dörfchen im Kraichgau-Stromberg macht seinem Namen alle Ehre – Hohenhaslach. Hoch oben ruht der alte Ortskern auf einem der 1000 Hügel und ist daher schon von Weitem gut zu sehen. Dort angekommen, kurz hinter der Kelter, liegt der Startpunkt einer ganz besonderen Strecke. Der insgesamt 4 Kilometer lange WEITBLICKWEG ist eine gelungene Mischung aus Besinnungsweg und Kunstpfad und besticht mit grandiosen Ausblicken in die reizvolle Landschaft. Die teilweise riesigen Kunstwerke inmitten der Weinberge laden zum Staunen und zum Nachdenken ein. Der Künstler selbst hat an jeder der insgesamt sechs Stationen seine Gedanken zum jeweiligen Werk hinterlassen, diese werden um Informationen zur Örtlichkeit und Texttafeln mit christlichen Impulsen ergänzt.
Der WEITBLICKWEG soll als Einladung verstanden werden, über die wirklich wichtigen Dinge im Leben nachzudenken, den Blick zu weiten und innerlich zur Ruhe zu kommen. Um sich hierfür wirklich Zeit zu nehmen, sollte man für die eigentlich in etwa 1 Stunde zu laufende Runde gut und gerne 2 bis 3 Stunden einplanen. Doch auch für Menschen, die nicht auf der Suche nach inspirierenden Gedanken sind, ist der Weg sehr zu empfehlen. Schon alleine die Beschaulichkeit des Dorfes und die fantastischen Weitblicke machen ihn zum Highlight. Es ist einfach wunderbar, sich gegen Ende der Strecke mit angenehm müden Beinen auf das Hügelsofa zu legen, den Blick in die Ferne schweifen zu lassen und einfach mal nichts zu tun.
Wenn der Wind gut ist und die Thermik trägt, dann sind am Himmel mit etwas Glück auch Gleitschirmflieger zu entdecken, die sich meist grüppchenweise in die Lüfte schwingen, um einen noch atemberaubenderen Blick über den Kraichgau-Stromberg zu genießen. Wem das eigene Nichtstun dann lange genug gedauert hat, kann dem Endpunkt ganz geruhsam entgegengehen und bei Lust und Laune einen Abstecher in die hiesigen Weingüter unternehmen oder in einer gemütlichen Besenwirtschaft einkehren.

● WEITBLICKWEG Hohenhaslach, Im Steigle, 74343 Sachsenheim-Hohenhaslach www.weitblickweg.de, Wanderparkplatz am Kelterplatz
● ÖPNV: Haltestelle Hohenhaslach-Steige (von dort rund 20 Minuten ansteigender Fußweg)

Ein Ort für Genießer

58 Quartier zur Kirchenburg in Lienzingen

Nachbarschaftshilfe mal anders. Das durch und durch baufällige und ziemlich windschief stehende Gebäude von 1560 hatte diese Unterstützung vor einigen Jahren dringend nötig, und hätten es die Eheleute Becker 2012 nicht gekauft, es würde heute vermutlich nicht mehr stehen. Doch dank einer Vision der Retter, Durchhaltewillen und fleißigen Handwerkern erstrahlt das alte Fachwerkhäuschen in der Kirchenburggasse 14 heute wieder in vollem Glanz. Ein richtiges Prachtstück ist die ehemalige Dorfschule geworden, mit kräftig rot gestrichenem Gebälk und stattlichem steinernen Sockel. Das mit Abschluss der Sanierung neu entstandene „Quartier zur Kirchenburg" sollte den Beckers nach vor allem ein lebendiger Ort werden, ein Platz, an dem Einheimische und Besucher in Ruhe verweilen, nette Gesellschaft, köstliche Gaumenfreuden und das Leben in vollen Zügen genießen können. Seitdem hat sich in diesem Sinne viel getan. Der nach Abschluss der Bauarbeiten frisch gegründete Kaffeehausverein öffnet hierfür beispielsweise fast jeden Sonntag seine Türen und bietet von den Mitgliedern selbst gebackene Kuchen und Torten an. Das Serviergeschirr ist herrlich nostalgisch und eine gelungene Reminiszenz an Großmutters Zeiten. Direkt an den Graben einer in Süddeutschland sehr selten zu findenden Kirchenburganlage gebaut, kann man bei warmen Temperaturen mit seinem Kaffee im Burggraben sitzen, ungehemmt naschen und dabei Geschichte atmen. Der Bewahrer des Hauses, Frank Becker, schwingt höchstpersönlich die Kochlöffel, wenn er zu seinen sehr beliebten kulinarischen Themenabenden lädt. Bevorzugt rückt er ein einzelnes Produkt wie beispielsweise den heimischen Spargel ins rechte Licht und frönt dabei ganz ungehemmt seiner ausgeprägten Kochleidenschaft. Wer anlässlich dieser Events oder aus anderem Grunde etwas länger in Lienzingen bleiben möchte, der kann ein Geschoss höher in einem der drei Doppelzimmer nächtigen und wird in diesem Haus mit positivem Geist sicherlich wunderbar schlafen.

TIPP

Die Kirchenburg ist durchaus sehenswert. Ein Rundgang über das Gelände lohnt sich.

● Quartier zur Kirchenburg, Kirchenburggasse 14, 75417 Mühlacker-Lienzingen, Tel. (0 70 41) 4 21 58, www.quartier-zur-kirchenburg.de

● ÖPNV: Haltestelle Lienzingen Kelter, Haltestelle Knittlinger Straße

14
Café
zur
Kirchenburg
geöffnet
2.8t

Märchenhaft schön

59

Rund um das Wasserschloss Eichtersheim

Den Kraichgau bezeichnet man gerne als Land der 1000 Hügel, er war einstmals aber auch Land der Edelleut, wenngleich von deren Herrschaftssitzen leider in zahlreichen Fällen nicht mehr viel übrig geblieben ist. Eine Anlage, die die Jahrhunderte trotz kritischer Zeiten recht unbeschadet überdauert hat, ist das Wasserschloss in Eichtersheim. Von Wasser umringt und nur über eine steinerne Brücke zugänglich, ist das märchenhaft schöne Schloss mit seinem Ecktürmchen und den grünen Fensterläden eine wahre Augenweide. Zum Glück muss man sagen, denn viele Jahre war das Schloss unbewohnt und der Zahn der Zeit nagte unaufhörlich am alten Gemäuer.

Die Wende brachte erst eine Entscheidung der Doppelgemeinde Angelbachtal, die das Schloss in den 1960er-Jahren schließlich erwarb, sanierte und letztlich zum Behördensitz machte. Wo einstmals die Herren von Venningen residierten, ist seit 1980 nunmehr das Rathaus der Gemeinde untergebracht und somit jedem Bürger zugänglich. Auswärtige Besucher lockt zumeist der prächtige Park hierher, der mit seinem aufschlussreichen Baumlehrpfad und der Freiluftkunst begeistert und im Sommer auch Schauplatz von Veranstaltungen ist. Im ausgezeichneten Schloss-Restaurant Heckerstuben kann man ganzjährig rauschende Feste feiern oder einfach nur hochherrschaftlich schlemmen.

TIPP

Im Restaurant gibt es auf Vorbestellung „Roberts 5 Köstlichkeiten", die man auch mitnehmen kann!

An ausreichend warmen Tagen lässt sich das zauberhafte Schlossambiente zudem nutzen, um im Park romantisch zu zweit oder mit der ganzen Familie zu picknicken. Die unzähligen alten Baumriesen spenden auf Wunsch etwas Schatten, der weiche Rasenteppich lädt zum Niederlassen ein und der Anblick des Märchenschlosses als Hintergrundkulisse zaubert einfach jedem beim genüsslichen Kauen ein versonnenes Lächeln aufs Gesicht. Ist der Magen dann angenehm gefüllt, kann man es sich bequem machen, die Augen schließen und dem Plätschern des Wasserspiels lauschen, bis man möglicherweise sogar eingeschlummert ist. So könnte ein perfekter Sommertag aussehen!

- Wasserschloss Eichtersheim, Schlossstraße 1, 74918 Angelbachtal, Tel. (0 72 65) 9 12 00 (Gemeinde Angelbachtal), www.angelbachtal.de
- ÖPNV: Haltestelle Eichtersheim Bahnhof

Der Weg ist das Ziel

60 Naturlehr- und Erlebnispfad Ubstadt-Weiher

„Durch diese hohle Gasse muss er kommen." Jeder kennt die legendären Worte, die Schiller dem Schweizer Volkshelden Tell in den Mund legte. Und zweifellos wurden Hohlen mit ihren oftmals meterhoch in den Himmel ragenden Wänden nicht selten als Hinterhalt genutzt. Heutzutage ist deren Begehung zum Glück nicht nur ungefährlich, sondern ein echtes Naturerlebnis. Der Kraichgau ist bekannt für seine vielen Hohlwege, und in Zeutern hat man den unter Schutz gestellten Naturdenkmälern 2010 einen 4 Kilometer langen Themenweg gewidmet. Auf zunächst beständig ansteigenden Pfaden durchquert der Wanderer hier gleich mehrere Hohlen und erfährt an insgesamt 18 Stationen alles Wissenswerte rund um ihre Entstehung, die Besonderheiten und die typische Tier- und Pflanzenwelt.

Kleine Entdecker werden auf der etwa 2-stündigen Runde von Dani Dachs begleitet, der an jedem Halt Aufgaben und spannende Rätsel für sie bereithält. Sie dürfen beispielsweise durch Regenfälle ausgewaschene „Lösskindel" (steinähnlich, aus Kalk und Löss) sammeln und tierische Höhlenbewohner anhand ihrer Spuren identifizieren. Vor allem Dachs, Fuchs und Wildbiene schätzen die weichen und doch äußerst stabilen Lössböden sehr und graben fleißig Loch um Loch in die steilen Hänge. Im Herbst ist die Sohle zur großen Freude von Eichhörnchen mit Walnüssen und Eicheln übersät, und bei nahezu jedem Schritt knackt es gut hörbar unter den Füßen.

Am höchsten Punkt der Tour geht der Ausflügler dann ein Stück auf ebener Strecke am Waldrand entlang, an Wiesen und bewirtschafteten Flächen vorbei, bis einen kurz vor der Himmelreich-Hütte ein grandioser Weitblick für den Anstieg entlohnt. Beim Abstieg passiert man idyllische Streuobstwiesen, die für viele Vögel, Insekten und andere Tiere wichtiger Lebensraum sind. Wieder im Ort angekommen, ist das Ende des Rundweges schnell erreicht. Was bleibt, sind die vielen Eindrücke, die man unterwegs sammeln und wie ein Eichhörnchen seine Nüsse mit nach Hause nehmen kann.

- Naturlehr- und Erlebnispfad Ubstadt-Weiher, 76698 Ubstadt-Weiher, OT Zeutern, Start- und Endpunkt des Rundwegs beim Friedhof
- ÖPNV: Haltestelle Zeutern (den Schildern „Friedhof" folgen)

Imposante Kulisse

61

Rund um den Amthof Oberderdingen

„Alles zum Leben“, so lautet das Motto und Leitbild der Gemeinde Oberderdingen. Und leben lässt es sich hier sicherlich prächtig. Wer von Bretten kommend das Ortsschild passiert, merkt schnell, dass dieser Ort keinesfalls mit Reizen geizt. Das frisch sanierte Filple-Bad zur Linken, den Abzweig zum beliebten Ausflugsziel Derdinger Horn zur Rechten, gleich danach das Restaurant Altes Schulhaus mit der Vinothek in der Schafscheuer im Hintergrund, noch eine kleine Kurve und dann steht man auch schon mittendrin in der guten Stube. Und was soll man sagen – der historische Ortskern rund um den Marktplatz hat das „gewisse Etwas“. Schmucke Fachwerkhäuser, eines charmanter als das andere, und hinter dem von blühenden Stauden gesäumten Platz die imposante Amthofkulisse, die unmittelbar den Blick auf sich zieht. Die Füße sollten den Augen unbedingt folgen, denn sonst würde man den besterhaltenen klösterlichen Wirtschaftshof Süddeutschlands verpassen.

Also los! Bei einer Erkundungstour über das Gelände passiert man als Erstes den Torbogen am Torwächterhaus, bevor man nach nur wenigen Schritten die sehenswerte Feuerwehrremise erreicht. Ein Blick durch die verglaste Tür auf das historische Löschgerät lohnt sich! Rechter Hand – das älteste Gebäude Oberderdingens. Im steinernen Kornkasten des damaligen Pfleghofs wurden die Abgaben der Bauern sicher verwahrt. Das jetzige Dach kam erst im Jahre 1717 drauf und ließ den Glockenturm damit beachtliche 49 Meter in die Höhe ragen. Weiter geht es vorbei an der noch heute genutzten Kelter, der Laurentiuskirche, die eine überaus spannende Geschichte hat, beim grün umrankten Pfarrhaus links ums Eck, bevor man schließlich in einem weiteren Hof mit der zum Rathaus umgebauten alten Zehntscheune samt hölzerner Himmelsleiter steht. Wer sich wortwörtlich traut, darf sie auch erklimmen. Alle anderen gehen einfach ebenen Fußes am Hexenturm vorbei und haben jenseits der Amthofmauer nach wenigen Schritten wieder den Ausgangspunkt erreicht. Viel Spaß!

TIPP

Öffentliche Führungen gibt es am ersten Sonntag im Monat. Näheres erfährt man in der Infothek.

- Amthof, 75038 Oberderdingen, Tel. (0 70 45) 20 27 68 (Infothek)
- ÖPNV: Haltestelle Amthof

Im Naturamphitheater

62

In den Felsengärten Mühlhausen

Kann es einen fantastischeren Ort zum Weinwandern geben? Kaum vorstellbar! Die malerische Enzschleife bei Mühlhausen, umrahmt von steilen Weinbergslagen, ist an Schönheit schwer zu überbieten. Falls man mit dem Auto angereist ist, lässt man dieses am besten auf einem Parkplatz im Ort zurück und macht sich auf, die atemberaubende Natur- und Kulturlandschaft zu Fuß zu erkunden. Dabei orientiert man sich zunächst am zauberhaften Schloss, das man im Vorbeigehen dann allerdings buchstäblich links liegen lassen muss. Vielleicht darf man ja mal als Gast einer Veranstaltung wiederkommen?!

Weiter geht es stetig bergan, bevor man auf ungefähr halber Höhe des Hanges den anvisierten Weg erreicht. Von dort aus führt der Weinbergpfad quer zur Steigung und bietet dem Wanderer auf ebener Strecke einen unvergesslichen Panoramablick. Umringt von Reben und kundig aufgeschichteten Trockenmauern sieht der Ausflügler wie von einer Tribüne hinab ins offene Tal, erblickt die Enz zu seinen Füßen, wie sie sich ruhig und gemächlich durch saftig grüne Auwiesen schlängelt, bis das Auge schließlich in weiter Ferne am bewaldeten Horizont hängen bleibt. Man kann sich kaum sattsehen, so schön ist die Aussicht. Rund 100 Meter tief hat sich die Enz bei Mühlhausen in den Muschelkalk gegraben und damit die wunderbaren Felsengärten erschaffen, die seit 2012 unter Naturschutz stehen und Lebensraum zahlreicher schützenswerter Tiere und Pflanzen sind. Die Mauereidechse beispielsweise nimmt hier, kaum hat sich der strenge Winter verabschiedet, ihr erstes Sonnenbad. Im Felsengebüsch brüten unter anderem Grauschnäpper und Gartengrasmücke, nachts geht der Uhu auf Beuteflug.

Übrigens, wer vom Laufen hungrig wird, sollte beim Wandern die Augen hin und wieder gen Beschilderung am Wegrand richten, denn hierauf wird glücklicherweise auf die vielen urigen Einkehrmöglichkeiten hingewiesen. In fröhlicher Runde etwas vespern, auf das Leben, den tollen Tag und natürlich das gute Tröpfchen anstoßen – ein schöner Ausklang.

TIPP

Im Internet findet man zahlreiche Rundwege in dieser Gegend, zum Beispiel zwischen Rosswag und Mühlhausen.

- Felsengärten Mühlhausen, 75417 Mühlacker-Mühlhausen
- ÖPNV: Haltestelle Mühlhausen (E) Rathaus (von dort Fußweg in die Felsengärten)

Grüße von Tante Emma

63

Die Speisekammer in Diefenbach

Ein Tante-Emma-Laden war früher eine regelrechte Institution im Ort. Selbstverständlich ging man zum Einkaufen dorthin, aber auch auf ein ausgiebiges Schwätzchen, um dort Nachbarn zu treffen und auf dem Laufenden zu bleiben. Nach und nach verschwanden die Geschäfte dann, verdrängt durch zahlreiche Discounter und Supermarktketten mit unschlagbar niedrigen Preisen.

Im schönen Örtchen Diefenbach gibt es seit geraumer Zeit und zur Freude vieler wieder solch ein Lädchen, in dem man alles bekommt, was Mensch für den Alltag so braucht. Passenderweise genau in dem Gebäude, in dem sich der Tante-Emma-Laden ehemals befand. Im Gegensatz zum Vorbild bietet die Speisekammer jedoch nicht nur Waren, sondern auch Frühstück und unter der Woche einen Mittagstisch an. Derzeit gibt es zweimal kleinere Leckereien und zweimal werden aufwendigere Gerichte nach Vorbestellung mit viel Leidenschaft frisch gekocht. Mit dem integrierten Café hat Diefenbach wieder einen Ort der Begegnung gewonnen, an dem man auf einen Plausch zusammenkommen, süßen Versuchungen erliegen und einfach eine gesellige Zeit verleben kann. Am Natursteinbrunnen, im Herzen des beschaulichen Dörfchens gelegen, lässt es sich wahrlich aushalten und aus einem Stück Kuchen werden gerne mal zwei.

TIPP

Einmal im Monat findet das beliebte Sonntagscafé statt.

Eine weitere Gelegenheit, auf nette Menschen zu treffen, bieten die unregelmäßig stattfindenden Events. Mal ist es eine Lesung, mal ein Konzert, mal Kleinkunst, mal Probier- und Themenabende – doch alle Veranstaltungen haben eine Gemeinsamkeit: Man merkt, mit wie viel Herzblut alle Beteiligten am Werke sind, und das spiegelt sich auf den glücklichen Gesichtern der Gäste wider. Seine eigenen Feste darf man hier ebenfalls feiern und die hübschen Räumlichkeiten dafür mieten. Ja, das Konzept ist einfach eine runde Sache und die Speisekammer – Naturkost, Café, Begegnung ein Laden, um den man die Diefenbacher wirklich beneiden kann.

● Die Speisekammer, Sternenfelser Straße 14, 75447 Sternenfels-Diefenbach, Tel. (0 70 43) 9 59 95 77, www.speisekammer-diefenbach.de
● ÖPNV: Haltestelle Diefenbach Ortsmitte

Von Legenden umrankt

64 Im Brauereigasthof Dachsenfranz in Zuzenhausen

Um den Dachsenfranz ranken sich im Kraichgau viele Legenden. Ursprünglich auf den Namen Francesco Regali getauft, musste der einstige Widerstandskämpfer aufgrund eines tödlichen Streits in die Fremde fliehen. Irgendwann tauchte Regali dann im Kraichgau auf und fand dort eine neue Heimat, bis er nach vielen Jahren auf mysteriöse Weise wieder spurlos verschwand. Den Erzählungen nach führte er wohl ein einfaches Leben, wohnte in Erdhöhlen im Wald und verdiente sich überwiegend mit der Jagd von Dachs, Fuchs und Marder sowie dem Verkauf von Fellen sein Geld. Bereits zu Lebzeiten eine echte Berühmtheit, war er rund um Zuzenhausen gern gesehen, da er Höfe von Ratten und Mäusen befreite und mit seinem berühmten Dachsenfett so manches Leiden heilte.

Die Brauerei Dachsenfranz in Zuzenhausen hält die Geschichten rund um den kauzigen Mann begeistert am Leben und hat sogar ihr Bier nach ihm benannt, das er damals selbst schon trank. Zu diesen Zeiten hieß der Gerstensaft noch Adler-Bräu und niemand konnte ahnen, dass jener in der Zukunft einmal wie das Original mit dem weißen Rauschebart heißt. Auf diese Idee kam erst der Vater von Tilmann Werner, der aktuell in der siebenten Generation die Geschicke des Unternehmens lenkt.

TIPP

Eine rekonstruierte Dachsenfranzhöhle kann man bei Horrenberg bestaunen.

Besucht man heute das Traditionshaus mit dem bereits im Jahre 1832 verliehenen Braurecht, taucht man ein in die Welt des Dachsenfranz und begegnet ihm dort auf Schritt und Tritt. Sein Konterfei ziert die Wand, eine nachgebildete Wohnhöhle bietet sich als Event-Location an, und in den speziellen Themenzimmern lässt es sich nach einem mehrgängigen Biermenü komfortabel nächtigen. Ja, auf einer Schütte mit Laub muss heutzutage glücklicherweise niemand mehr schlafen. Die direkt nebenan gebrauten Bierspezialitäten kann man sommertags im schönen Garten sowie bei einer lustigen Planwagenfahrt verkosten, oder man bucht gleich eine Führung durch die heiligen Hallen und erfährt so aus erster Hand, was das Dachsenfranz so besonders macht.

- Zum Dachsenfranz, Brauereigasthof und Hotel, Hoffenheimer Straße 1, 74939 Zuzenhausen, Tel. (0 62 26) 9 20 70, www.dachsenfranz.de
- ÖPNV: Haltestelle Zuzenhausen Bahnhof, Haltestelle Zuzenhausen Ortsmitte

RAUEREI GASTHOF
ADAC

Der eigenen Hände Werk

65 s'Töpfle in Münzesheim

Es ist schon ungemein befriedigend, mit den eigenen Händen etwas Schönes oder vielleicht sogar Nützliches zu erschaffen. Thomas Greiner bietet mit seiner „offenen Werkstatt" jede Woche die Gelegenheit dazu. Mitbringen muss man nichts, außer sich selbst und die Lust zum Werkeln. Und hat die Hobbykünstler das Töpfervirus erst einmal erwischt, dann gibt es für etliche kein Halten mehr. Ja, „Wiederholungstäter" gibt es wohl viele, zu linke Hände hingegen nicht, wie der Gastgeber überzeugend versichert. Er hat sich das Töpfern als Autodidakt selbst beigebracht, und was anfangs ein reines Familienhobby war, hat sich mit den Jahren zu einer erfüllenden Nebentätigkeit entwickelt. Er ist sichtlich Feuer und Flamme, wenn er über das Töpfern spricht, und der Funke springt blitzschnell über.

TIPP

Ab vier Personen sind Extratermine möglich, Kindergeburtstage kann man dort ebenfalls feiern.

Sitzt man als Gast in seiner Werkstatt, dann muss man sich nur noch von der Muse küssen lassen und los geht's. Unter kundiger Anleitung darf dann jeder nach Herzenslust experimentieren, und zwar mit verschiedenen Techniken, Formen, Farben und Glasuren. Der eine kommt bereits mit festen Ideen im Kopf, der andere vertraut eher seinen Händen, die schon wissen werden, worauf sie Lust haben und wozu sie in der Lage sind. Wer eine Inspirationsquelle braucht, schaut sich einfach um. Die ausgestellten Werke des Lehrmeisters regen die Fantasie an. Haben die Hände dann endgültig das Ruder übernommen, kann sich der Geist allmählich entspannen. Es hat schon fast etwas Meditatives, wenn man den feuchten Ton zwischen den Fingern spürt und sich nur auf das Modellieren konzentriert. Peu à peu wird aus einem Klumpen Ton etwas Konkretes, im besten Fall etwas Hübsches und auf jeden Fall etwas Einzigartiges. Nach einer entsprechenden Trocknungszeit werden die Unikate einfach oder bei Glasuren gleich zweifach gebrannt und stehen dann spätestens nach vier Wochen zur Abholung bereit. Für viele ist das der Moment des Staunens, denn nicht jedem ist bewusst, dass ein kleiner Künstler in ihm steckt.

- s'Töpfle, Im Hagen 3, 76703 Kraichtal-Münzesheim, Tel. (0 72 50) 73 30
www.stoepfle.de
- ÖPNV: Haltestelle Münzesheim (von dort rund 10–15 Minuten Fußweg)

Keramische Glasuren
N 004
Med

Ein Besa em Städtle

66

Steillagenweingut Stephan Muck in Bietigheim

In einem Besen rückt man gerne zusammen. Mit anfangs noch Fremden wird man in aller Regel schnell bekannt. Der beseneigene Wein lockt die Gäste her und ölt die Kehlen, sodass man sich in geselliger Runde und bevorzugter Weise über Stunden angeregt unterhalten kann, ohne dass der Hals dabei allzu trocken wird.

In der Besenwirtschaft, dem Besa em Städtle, inmitten der malerischen Altstadt von Bietigheim, schenken Stephan Muck und seine Familie einen ganz besonderen Tropfen aus. Steillagenwein! Am Anfang steht der Schweiß und am Ende der Genuss. Im Rahmen einer geführten Bietigheim-Runde mit Weinverkostung im Städtle und anschließend em Städtle kann man die sonnenverwöhnten Weine des Familienbetriebes ausgiebig probieren. Verkosten kann man den Rebensaft selbstverständlich auch ohne Tour, aber schade wäre es schon. Doch ganz egal, ob mit Stadtspaziergang oder nicht – wer erst einmal in der altehrwürdigen Scheune Platz genommen hat, möchte garantiert nicht mehr gehen, so heimelig ist es hier.

TIPP

Der Besen-Guide vom Tourismusverband Kraichgau-Stromberg zeigt geöffnete Besen tagesaktuell an.

Holz dominiert das Bild und jede Menge musealer Zierrat aus Haus- und Landwirtschaft, den die Familie in all den Jahren zusammengetragen oder geschenkt bekommen hat. Warmes Korblampenlicht, bunte Kissen auf den Bänken und brennende Kerzen auf dem Tisch – gemütlicher könnte man in einer Besenwirtschaft wohl kaum sitzen.

Aufgetischt werden typische Besenklassiker und auch ein hausgemachter Kartoffelsalat darf selbstverständlich nicht fehlen, für den die Gäste in diesem Fall gerne auch kilometerweit fahren. Die vegetarischen Grünkernküchle sind eine leckere fleischlose Alternative und ebenfalls von der Mama mit viel Liebe und Muße gemacht. Wer also den Weg nach Bietigheim gefunden hat, der sollte unbedingt in der Turmstraße nach einem gut sichtbar angebrachten Kehrgerät Ausschau halten oder gleich im Voraus bei der Familie Muck eine Stadtführung mit Weinverkostung buchen. Stadt- und Weinkultur – eine vielversprechende Kombination, die doppelt Freude macht.

- Steillagenweingut Stephan Muck, Turmstraße 14, 74321 Bietigheim-Bissingen, Tel. (01 78) 7 75 16 27, www.steillagenweingut.de
- ÖPNV: Haltestelle Pfarrstraße, Haltestelle Ellental Bahnhof (von dort 10 Minuten Fußweg)

RESERVIERT
RESERVIERT

Wie in einer anderen Zeit

67

Museumsbesuch in der Raußmühle in Eppingen

Bei einem Besuch der Raußmühle wird schnell klar, hier läuft alles ein wenig anders. Fernab von jeglichem Handyempfang taucht man plötzlich ein in eine neue, alte Welt. Eine Haustürklingel gibt es nicht, dafür eine Glocke mit Seil. Begrüßt wird der Besucher von Hühnern, die auf dem Anwesen frei umherlaufen, scharren und picken und sich dabei von den Gästen nicht aus der Ruhe bringen lassen.
Der Hausherr Frank Dähling, Künstler, Sammler und Mühlenchronist, hat bei all der Arbeit auf dem Hof zwar im Grunde keine Zeit, er nimmt sie sich auf Anfrage dennoch gerne, um Neugierigen aus seinem Leben, von seiner Arbeit, der Mühle und seinem Museum zu erzählen. Dieses bekommt man selbstverständlich auch zu sehen und staunt nicht schlecht über allerhand Sammlerstücke, die sich wohl am ehesten unter der Rubrik „Häusliches Leben und Arbeiten" subsummieren lassen. Doch weniger die Stücke an sich als die Geschichten „drumrum" sind das Besondere. Wer hätte zum Beispiel gedacht, dass man in Sammlerkreisen für manche Mausefalle vierstellige Summen zahlt? Immer wieder entdeckt man auf dem Dachboden der alten Scheune auch Gegenstände, wie einen „Mistbatscher", von deren Existenz man bis dato noch gar nichts wusste. Für den Laien ist der rote Faden auf Anhieb nicht so leicht zu erkennen, doch gibt es ihn, wie das studierte Original mit dem weißen Bart schmunzelnd beteuert. Scheinbar Nutzloses und Kaputtes ist für ihn als Zeitzeuge kostbar und findet in seiner Sammlung selbstverständlich einen Platz.
Das Anwesen selbst, seit 1996 europäisches Kulturerbe, ist dank unzähliger Arbeitsstunden, Ziegeln aus vielen Abbruchhäusern und glücklicherweise diversen Fördergeldern wieder recht gut in Schuss. Dennoch – es war, ist und bleibt eine immense Aufgabe, die Frank Dähling beständig auf Trab hält, für ihn jedoch auch sehr erfüllend ist. Es ist unschwer zu erkennen, dass dieses fränkische Hofgut sein persönlicher Glücksort ist, und was soll man sagen, die Begeisterung steckt an.

TIPP

In der hübschen Eppinger Altstadt unter anderem das Kulturdenkmal Frankeburg aus dem Jahr 1457 besuchen.

- Raußmühle, Sulzfelder Weg 40, 75031 Eppingen, Tel. (0 72 62) 87 08 (Termin vereinbaren!), www.raussmuehle.de
- ÖPNV: Haltestelle Eppingen Bahnhof, Haltestelle Eppingen West (Laufweg siehe Website)

Fisch frisch lecker

68

Ausflug an die Böllstrichseen

Wenn man nicht weiß, wo man hinmuss, dann kann man sie leicht übersehen. Die Böllstrichseen, auch als Frickseen bekannt, liegen etwas versteckt im gleichnamigen Tal zwischen Bauschlott und Ölbronn und sind ein wahres Paradies für Angler, leidenschaftliche Fischesser und Ausflügler.

Frischer als frisch kommt der Fisch hier mal geräuchert, mal gebraten, aber in jedem Fall perfekt zubereitet auf den Tisch. Der Kartoffelsalat ist selbst gemacht, und wer lieber ein Würstchen dazu mag – dieses steht ebenfalls neben vegetarischen Gerichten auf der Karte. Dass man den Fisch dort zu bestimmten Zeiten auch kaufen und daheim lecker zubereiten kann, versteht sich von selbst.

Angefangen hat alles in den 1950er-Jahren mit einem ersten Becken, mittlerweile lebt bereits die dritte Generation von und mit den Seen. Dank ihrer umsichtigen Anlage auf einer Lehmschicht über dem Karstgestein der Bauschlotter Platte kommen sie gänzlich ohne künstliche Abdichtung aus und werden beständig durch eine Quelle mit Frischwasser gespeist. Idyllisch und von Grün umrahmt liegt der große See den Gästen quasi zu Füßen, die von der angenehm beschatteten Terrasse auf ihn herunterschauen und dabei zwar nicht die Beine, dafür aber die Seele baumeln lassen können.

TIPP

Die Seen sind Teil der gut 45 Kilometer langen Radtour Hof-ErFAHRung ab/an Hauptbahnhof Pforzheim.

Wer den Fisch gerne selbst aus dem Wasser zieht, kann dies in der Saison mit eigener Ausrüstung und einer Tageskarte für den großen See ohne Fangbegrenzung tun. Vor allem Forellen, aber ebenso Karpfen, Hecht, Zander, Schleien, Flussbarsche und viele Weißfischarten tummeln sich in diesem naturnahen Gewässer. In der kalten Jahreszeit sitzt man als Gast hinter der schützenden Panoramaverglasung im Inneren und darf es sich bei behaglicher Ofenwärme richtig gemütlich machen. Auch schön! Ja, ein Ausflug hierher ist wie ein kleiner Urlaub und um dieses Gefühl möglichst lange zu genießen, geht man am besten direkt vom Mittagessen zum Kaffeetrinken über. Der Kuchen auf der Karte liest sich jedenfalls sehr verlockend.

● Frick Böllstrichseen, Am Böllstrichsee 1, 75245 Neulingen, Tel. (0 72 37) 8 36
www.fricksee.de

Reserviert

Kleinod unter der Linde

69

Zu Gast im Ludwighof in Hoffenheim

Etwas Besseres hätte dem in die Jahre gekommenen, denkmalgeschützten Vierseithof in Hoffenheim nicht passieren können. Die Familie Brecht hatte sich gleich bei der ersten Besichtigung unsterblich in ihn verliebt und brachte in die spätere „Ehe“ all das mit ein, was man sich als 200-jähriger Hof nur wünschen kann. Vater und Sohn von Berufswegen der ökologischen Sanierung kundig, die Mutter mit einem Händchen fürs Grüne und Schöne und die Tochter und heutige Geschäftsführerin des Ludwighofs eine junge Frau mit Vision.

Aus dem Kaufladen aus der Kindheit wurde 2020 ein gemütliches Café und ein Hofladen, in dem die Begriffe saisonal, regional, selbst gemacht und nachhaltig nicht nur als hohle Phrasen versprochen, sondern als Philosophie gelebt werden. Der Ludwighof ist ein Ort wie aus einer anderen Zeit, und sobald man den Torbogen durchschritten hat, lässt man alles andere erst mal draußen. Es sind so viele Kleinigkeiten, die einen ab dem ersten Blick glücklich stimmen, seien es die bemoosten Biberschwanzziegel auf dem Dach, das rosenberankte Fachwerk, die bunt bepflanzten Blumenkübel allerorts oder der eiserne Kronleuchter, der zierend aus großer Höhe von der Linde baumelt. Die Sommerlinde steht im Zentrum des Hofes und schmückt das Emblem. Sie zeigt unübersehbar den Jahreszeitenwechsel an und gibt der Familie Brecht als Taktgeber den saisonalen Rhythmus vor.

Zum Frühstück bekommt Gast hier all das aufgetischt, was er später im hübsch dekorierten Laden auch kaufen kann (zum Beispiel in Form eines tollen Geschenkkorbs), und mit Ausnahme der Milchprodukte und der Garnitur auf dem Teller ist so ziemlich alles „made by Brechts“. Selbst gebackenes Holzofenbrot und Kuchen sowie Fisch aus dem Räucherhaus gab es von Anfang an, später kamen weitere Leckereien wie mit Liebe zubereitete Brotaufstriche, Marmeladen, Chutneys und Pestos hinzu. Geschlemmt wird im Sommer natürlich nicht im bezaubernden Café mit den knarzenden Dielen, sondern im lauschigen Innenhof unter dem stattlichen Baum. Wo auch sonst?

TIPP

Der Ludwighof ist auch Event-Location für private Feste und Veranstaltungen verschiedenster Art.

- Ludwighof Hoffenheim, Waibstadter Straße 5, 74889 Sinsheim-Hoffenheim, Tel. (0 72 61) 9 70 94 66, www.ludwighof.com
- ÖPNV: Haltestelle Hoffenheim Bahnhof, Haltestelle Sinsheimer Straße

Süßes Handwerk

70 Erstes Deutsches Zuckerbäckermuseum in Gochsheim

Hase oder Nikolaus? Bei der teilweise billigen Massenproduktion von heute erkennt man den Unterschied manchmal nur an der farbigen Umhüllung. Ganz anders war das in früheren Zeiten, als der Zuckerbäcker höchstselbst noch jedes einzelne Stück in aufwendiger Handarbeit in die entsprechenden Formen goss und Hase und Nikolaus auch nackig eindeutig zu unterscheiden waren.

Im Zuckerbäckermuseum in Gochsheim lernt der Besucher so manches über das traditionsreiche Handwerk und wird sicherlich einiges Kurioses und Neues zu Gesicht bekommen. Man erfährt unter anderem, dass Hase und Co. gerne geschminkt werden, wie die Marmelade in den Berliner kommt und dass Schokolade eine Diva ist.

Das Herzstück der Ausstellung ist unbestreitbar die unglaublich große Sammlung historischer Konditorformen. Teilweise bis zu einem halben Meter groß, haben sie aus den Händen eines Privatsammlers im Jahre 2000 ihr endgültiges Zuhause in Gochsheim gefunden. Kinderaugen strahlen, sobald sie die bunte Vielfalt an Hohlformen im zweiten Stock entdecken. Struwwelpeter, Papagei, Gogomobil – anscheinend nichts, was es nicht gibt. Der Fantasie waren damals offensichtlich keine Grenzen gesetzt und die uniformen Standardfiguren aus dem heutigen Supermarkt wirken dagegen ziemlich blass. Damals hatten Osterhasen noch Spaß, durften Oldtimer oder Motorrad fahren und waren generell vielseitiger und bunter.

TIPP

Beim sonntäglichen Schloss-Café kann man hinterher Kuchen in Hülle und Fülle genießen.

Wer jetzt denkt, dass die Ausstellung (Führung ab einer Person auf Anfrage) nur etwas für Kinder ist, der irrt. Jeder aus der Familie wird in diesem liebevoll gestalteten Museum auf seine Kosten kommen. Die einen interessieren sich eben mehr für die historischen Maschinen und die anderen schwelgen beim Anblick der Ausstellungsstücke in Kindheitserinnerungen oder sind noch Kind und träumen mit offenen Augen von riesigen Schokoweihnachtsmännern. Schleckermäuler sollten unbedingt die Schokoladenführung buchen, da sie in diesem Falle nicht nur schauen, sondern auch naschen dürfen.

● Erstes Deutsches Zuckerbäckermuseum, Hintere Gasse 20, 76703 Kraichtal-Gochsheim, Tel. (0 72 50) 77 44 (Stadtverwaltung), www.kraichtal.de
● ÖPNV: Haltestelle Gochsheim (Baden) (von dort rund 10 Minuten Fußweg)

Hoch hinaus

71 Auf der Weinkanzel am Niedernberg

Der Grand Canyon hat seinen Skywalk und die Stadt Besigheim ihre Weinkanzel. Auf dem Aussichtssteg in den USA liegt einem der Colorado River zu Füßen und hier gleich zwei Gewässer – Neckar und Enz! Es lohnt sich also, sich auf den Weg zu machen und entweder die rund 400 Stufen der Himmelsleiter zu erklimmen oder alternativ die Löchgauer Steige zu bezwingen.
Zweifelsohne, die „Besteigung“ des Niedernbergs kann einen schon etwas aus der Puste bringen, aber da weiß man hinterher wenigstens, was eine Steillage ist. Außerdem kann man sich ja Zeit lassen. Oben angekommen wird man gebührend belohnt, denn der Panoramablick von der 2016 errichteten Aussichtsplattform ist einfach fantastisch. Von zwei Flüssen umarmt thront Besigheim direkt gegenüber auf einem hohen Bergsporn, und es lässt sich bereits aus der Ferne erahnen, wie überaus reizvoll die schmucke Fachwerkstadt mit ihren beiden erhaltenen Wehrtürmen, der hoch aufragenden Stadtkirche und der Alten Kelter doch ist.
Richtet man den Blick danach gen Boden, so sieht man durch das Plattformgitter vor allem eines: Weinreben, und zwar aus einer völlig ungewohnten Perspektive, nämlich von oben! Terrasse für Terrasse reihen sich die Rebstöcke bis hinab ins Tal. Man kann sich lebhaft vorstellen, wie anstrengend die Bewirtschaftung der Rebflächen hier war und bis heute ist. Da erklärt es sich von selbst, dass man an den Bau eines Weinbergaufzuges dachte, der gleich neben der Aussichtsplattform zu bestaunen ist. Schon über 50 Jahre hat er auf dem Buckel, läuft aber, wie man sagt, noch immer wie am Schnürchen. Stolze 80 Höhenmeter legt er auf den 140 Meter Länge zurück. Der einmalige Aufstieg ist für Ausflügler jedoch auch ohne Hilfsmittel gut zu schaffen, und der Rostbraten danach schmeckt in einer der urigen Wirtschaften Besigheims derart verdient garantiert noch viel besser.

TIPP

Auf der Himmelsleiter ist ein Aussichtspavillon mit vielen Infos rund um den Steillagenweinbau.

- Weinkanzel am Niedernberg, 74354 Besigheim
- ÖPNV: Haltestelle Besigheim Bahnhof (von dort zu Fuß rund 25 Minuten über die Himmelsleiter oder die Löchgauer Steige)

Scheune voll Möglichkeiten

72

Marktscheune Meckse in Meckesheim

Schon beim bloßen Anblick des liebevoll und ideenreich umgebauten Gebäudes mit der historischen Heu- und Strohkralle am roten Giebelbalken geht einem einfach das Herz auf und die rostfarbenen Schildchen mit den lustigen Sprüchen am hölzernen Scheunentor machen bereits vor dem Betreten gute Laune. Drinnen angekommen kann man dann der Einkaufslust in ländlicher Wohlfühlatmosphäre frönen und erst der volle Korb, in den unablässig eigene und regionale Produkte, Backwaren sowie kleine Deko- und Geschenkartikel für sich selbst oder andere wandern, wird einen stoppen. Wer nur Lust auf eine Tasse Kaffee oder ein schönes Stückchen Kuchen hat, der kommt einfach dafür hierher und macht es sich im ausgebauten Obergeschoss oder sommertags im blumengeschmückten und einladend dekorierten Hofgarten richtig gemütlich. Oder man frühstückt bereits hier und erledigt den Einkauf dann rundum gestärkt im Anschluss. Ein bunter Strauß an Möglichkeiten!

Die Kinder müssen sich im Hof entscheiden: Sollen sie zuerst die Schildkröten oder doch die niedlichen Kaninchen bestaunen? Nicht so leicht! Einfach ist es hingegen für die Meckesheimer und anderweitig Suchende, eine Örtlichkeit zum Feiern zu finden. Das bereits erwähnte Obergeschoss des ehemaligen Ochsenstalls ist nämlich mit seiner Showküche und den langen Holztischen gerade dazu gemacht, rauschende Feste zu begehen und dabei sich, seine Lieben und das Leben ausgiebig zu feiern. Wer sich in Sachen Kulinarik hierfür etwas ganz Besonderes wünscht – mit den Gästen zubereitete und gerne auch exotische Speisen stehen zur Wahl. Ab und an finden kleinere öffentliche Veranstaltungen in der Scheune statt und bieten die Gelegenheit, den Ort auf diese Weise kennenzulernen.

Ganz egal, ob man regional einkaufen, ausgiebig frühstücken, eine entspannte Tasse Kaffee trinken, ausgelassen feiern oder ein Event besuchen möchte – zu jedem Anlass ist man als Gast in der Marktscheune Meckse herzlich willkommen und genau an der richtigen Adresse.

TIPP

Eine interaktive Dorftour (www.entdecke-dein-dorf.de) entlang von zehn Stationen unternehmen.

- Marktscheune Meckse, Friedrichstraße 12, 74909 Meckesheim, Tel. (0 62 26) 6 03 95, www.marktscheune-meckse.de
- ÖPNV: Haltestelle Meckesheim Bahnhof (von dort rund 10 Minuten Fußweg), Haltestelle Meckesheim Ortsmitte

FLOWER MARKET

Einfach mystisch

73 Ruine Blankenhorn bei Eibensbach

Ruinen haben immer etwas Geheimnisvolles und viele offene Fragen und Geschichten ranken sich um sie. Über die Ruine in den Wäldern bei Eibensbach weiß man mittlerweile vieles, doch so manches Detail hat auch sie noch nicht verraten. Zum Beispiel, weshalb sie Blankenhorn heißt. Eine Theorie dazu besagt, dass der blank polierte Bergsporn, auf dem sie einstmals stand, ihr den Namen gab.

Als gesichert gilt indes: Die Burg war und ist mit der Weltgeschichte eng verbunden, hat doch ihr Erbauer Heinrich von Neuffen dem damals zukünftigen Kaiser Friedrich II. sicheres Geleit auf seiner Reise von Italien nach Deutschland gegeben. Später erbte dann Heinrichs zweiter Sohn Gottfried die Burg und machte sich als einer der bekanntesten Minnesänger seiner Zeit einen Namen. Dessen offensichtliche Liebesheirat mit einer Nichtadeligen war wohl ebenso romantisch wie ungewöhnlich in jenen Tagen. Auch in Erbfragen schlug Gottfried andere Wege ein und vermachte seinen Besitz zu gleichen Teilen Sohn und Tochter. Mit Sohn Rudolf starb die männliche Linie der von Neuffen später aus und die Burg bekam andere Besitzer. Als dann im Jahre 1479 unter anderem Ziegel und Gebälk veräußert wurden, war die Anlage nicht mehr zu retten und ward fortan ein von den umliegenden Dörfern rege genutzter Steinbruch. Und so kam es, dass das Leben auf der Burg nach nur 250 Jahren endgültig erlosch.

TIPP
Schloss Brackenheim, das mit der Burg historisch eng verbunden ist, beheimatet eine tolle Kulturbühne.

Mit der gewaltigen, 18 Meter hohen Schildmauer stehen heute leider nur noch Reste der Wohnburg von einst, doch das Überdauerte hat Charme. Vor allem wenn Licht durch die Blätter bricht und die Ruine im warmen Sonnenlicht erstrahlt, spürt man die wildromantische Atmosphäre dieses Ortes. Und wie es sich für ein altes Gemäuer gehört, gibt es rund um diese Anlage zahlreiche Legenden. Wer war Raubritter Wolf und was hat es mit der weißen Frau in den Wäldern auf sich? Am besten lässt man sich die Anekdoten von einem Mitglied der IG Burg Blankenhorn im Zuge einer kostenlosen Führung über das Gelände erzählen.

● Ruine Blankenhorn, 74363 Güglingen-Eibensbach, Tel. (01 72) 7 28 70 62 (Anfragen & Führungen), vom Parkplatz am Musikerheim (am Ortsausgang in Richtung Ochsenbach) rund 15 Minuten recht steiler Fußweg

Einmal streicheln bitte!

74

Im Tierpark in Bretten

Was für ein Empfangskomitee! Sobald man den größten Streichelzoo Deutschlands betritt, wird man von einer Horde Ziegen überschwänglich begrüßt. Aber nicht nur Ziegen, Schafe und andere typische Streichelzoobewohner fressen einem hier buchstäblich aus der Hand, es gibt auch etliche überraschende tierische Begegnungen. Sicherlich standen noch nicht viele Menschen einem Nandu Auge in Auge gegenüber. Und wer kam schon einmal in den Genuss, ein flauschigweiches und sehr verträumt dreinblickendes Alpaka zu kraulen, als wäre es ein liebesbedürftiger Hund?

Die unverwechselbar gestreiften Zebras wohnen übrigens ebenfalls hier, bleiben in ihrem separaten Gehege allerdings gern unter sich. Ganz anders die süßen Tierbabys, die sämtliche Besucherherzen im Sturm erobern und, von Geburt an an Menschen gewöhnt, inmitten der Zweibeiner ihre ersten Entdeckungen machen. Streicheln erlaubt! Apropos streicheln, die Turopolje-Schweine sind da sehr eigen. Entweder rubbeln und kratzen oder füttern. Beides verwirrt Schwein dann doch zu sehr.

Das Futter gibt es an der Kasse zu kaufen und ist ideal auf die Bedürfnisse der Zoobewohner abgestimmt. Da es sichtlich allen schmeckt, können sich die kleinen Besucher meist nur schwerlich entscheiden, welches Tier zuerst gefüttert und mit Zuwendung bedacht werden soll. Mensch und Tier auf Tuchfühlung – genau das ist das Erfolgsrezept dieses Parks. Selten trennt ein Zaun, und die wenigen, die es gibt, separieren eher Gattungen und Bereiche und nicht Besucher und Besuchte. Falls die Pellettüte zu schnell leer sein sollte, kann man mit Ausnahme extrem besucherstarker Tage gleich eine weitere Portion kaufen, und wer weiß, vielleicht springt für die Kleinen am Kiosk selbst noch eine kleine Leckerei heraus? Hier gibt es auf jeden Fall alles, was kleine Besucher glücklich stimmt, und eine kurze Pause kann ja auch nicht schaden, bevor die ganz hungrigen Vierbeiner dann noch einen Nachschlag erhalten.

TIPP

Zeit für den benachbarten großen Spielplatz oder den Kletterpark gegenüber einplanen.

- Tierpark Bretten, Salzhofen 9, 75015 Bretten, Tel. (0 72 52) 72 56 (Ansage) www.tierpark-bretten.de
- ÖPNV: Haltestelle Tierpark (von dort rund 10 Minuten Fußweg)

„Förstlich“ bewirtet

75 Förstlich Weinbar & Schenke in Langensteinbach

In Karlsbad-Langensteinbach sind die Grenzen zwischen Kraichgau und Nordschwarzwald fließend und da passt es gut, dass im Förstlich Weinleidenschaft auf Schwarzwaldstil trifft. In der Tat, die Begeisterung der Gastgeber für den Rebensaft ist leicht zu erkennen, die unfassbar große Weinauswahl (aktuell 178 Weine) spricht für sich. Es versteht sich von selbst, dass auch eigene „Förstlich-Gewächse“ auf der Karte stehen.
Doch nicht nur die Getränkevielfalt, die auch Bierfreunde zum Strahlen bringt, lässt das Gästeherz hüpfen. Einfach alles an diesem Ort beeindruckt, allem voran der wunderschöne Hofgarten samt Eselgehege. Das langohrige Begrüßungskomitee steht bei der Ankunft zumeist schon bereit, da fängt der Feierabend doch bereits tierisch gut an. Blickt man sich dann auf dem Gelände um – ein Fleckchen schöner als das andere! Hier ein ausgebauter Bauwagen mit Klappläden, dort ein lauschiger Sitzplatz vor rosenbewachsener Wand und im Hintergrund das hübsche ehemalige Forsthaus, welches heutzutage wieder in vollem Glanz erstrahlt. Die Weinbar selbst ist in den einstmaligen Stallungen untergebracht und strotzt nur so vor stylischer Gemütlichkeit. Ja, das sind Gegensätze, die an diesem Ort zusammenpassen.
Die Nähe zum Schwarzwald spiegelt sich im Interieur unbestreitbar wider, doch wer da an den röhrenden Hirsch aus Omas Wohnzimmer denkt – weit gefehlt. Der Schwarzwaldstil kommt hier modern interpretiert, frisch und absolut edel daher.
Zu den hervorragend mundenden Weinen gibt es eine Auswahl passender kleiner Köstlichkeiten, wie die knusprigen Eselsohren (Brotfladen), die, von den vierbeinigen Mitbesitzern inspiriert und auf einem rustikalen Brett serviert, eindeutig Lust auf mehr machen. Wer gerne unter fachkundiger Beratung Weine verkostet – mehrfach im Jahr finden gemütliche Winzerabende statt, bei denen selbst ein Kenner noch das eine oder andere Schätzchen findet. Kurzum: Würde es diesen Ort nicht schon geben, man müsste ihn erfinden!

- Förstlich Weinbar & Schenke, Beim alten Forsthaus, Pforzheimer Straße 35, 76307 Karlsbad-Langensteinbach, Tel. (0 72 02) 9 42 57 75, www.foerstlich.de
- ÖPNV: Haltestelle Langensteinbach Bahnhof (von dort rund 10 Minuten Fußweg), Haltestelle Wilferdinger Straße

76 Erlebniszentrum Mühle Kolb in Zuzenhausen

Eines fällt sofort auf, strahlende Gesichter, wohin man blickt. Wer sich über das rund 5000 Quadratmeter große Gelände der Erlebnismühle Kolb bewegt, das direkt an das Flüsschen Elsenz grenzt, dem springen neben dem ehemaligen Wohnhaus der Müllerfamilie und heutigen Gästehaus insbesondere blumenbepflanzte Boote, mit etwas Glück herumwatschelnde Gänse und jede Menge urige Schäferwägen für außergewöhnliche Übernachtungsfreuden ins Auge. Und natürlich immer wieder eines: Menschen, die zu einem Ausflug in die Natur aufbrechen oder von einem ebensolchen zurückkehren und dabei versonnen vor sich hin lächeln. Es scheint Spaß gemacht zu haben, das Kloatscheeten, Bogenschießen, Lamawandern, Kajakfahren, Klettern und was man hier mittlerweile sonst noch erleben kann.

TIPP

Das hübsche Mühlencafé im Hof besuchen und die verlockenden Blechkuchen probieren.

Angefangen hat alles einmal mit einem riesigen Zufall, als der heutige Betreiber der Erlebnismühle beim Umsetzen seines Bootes nahe der Mühle auf das Müllerpaar traf. Man kam ins Gespräch und ziemlich schnell entstand daraus die Idee für das heutige Zentrum. Seit 2006 kann man nun bei Michael Winter und seinem Team wahlweise entspannte, konzentrierte, spannende, actionreiche und in jedem Fall vergnügliche Stunden verleben. Gerne wird das Angebot auch von Schulen, Vereinen oder Firmen genutzt, die das erlebnisreiche Miteinander zu Event-Zwecken nutzen.

Im Winter steht das Eisstockschießen hoch im Kurs, das dank der Kunststoffbahn schneeunabhängig gebucht werden kann. Mit dem olympischen Curling ist es nicht zu verwechseln, denn geschrubbt werden muss beim Stockschießen nicht. Ansonsten sind die Regeln aber doch recht ähnlich. Wer seinen Stock am nächsten an die Gummischeibe herangespielt bekommt, hat gewonnen. Eine Siegerehrung und ein Gläschen Glühwein sind optional, sicherlich jedoch ein krönender Abschluss eines einmaligen Erlebnisses. Teile der Verköstigung, die man auf Wunsch ebenfalls buchen kann, stammen selbstverständlich aus der mühleneigenen Bäckerei. Woher auch sonst?

- Erlebniszentrum Mühle Kolb, Mühlweg 9, 74939 Zuzenhausen, Tel. (0 62 26) 78 52 56, www.erlebniszentrum-muehlekolb.de
- ÖPNV: Haltestelle Zuzenhausen Bahnhof, Haltestelle Zuzenhausen Ortsmitte (von dort jeweils rund 10 Minuten Fußweg)

Ein Laden mit Herz

77

Das Haus der lieben Sachen in Zaberfeld

Das Haus der lieben Sachen in Zaberfeld ist ein Laden, für den sich nur schwerlich eine passende Bezeichnung finden lässt. Optionen gäbe es viele, doch greift jede für sich genommen im Grunde zu kurz. Es gibt praktisch nichts, was es nicht gibt. Es sind vor allem die Gegensätze, die das Geschäft so spannend machen. Altes steht neben Neuem, Nützliches neben einfach nur Dekorativem, hochwertige Antiquitäten neben scheinbarem Trödel. Was unter all dem ein wirklicher Schatz ist, liegt im Auge des Betrachters. Was für den einen ein unbezahlbares Sammlerstück, erscheint dem anderen völlig wertlos. Es gibt nur eine einzige Gemeinsamkeit, die alle Verkaufsstücke teilen: Einen Platz im Haus der lieben Sachen und damit ein neues Zuhause auf Zeit finden nur die Dinge, die der Familie Thom selbst lieb und teuer sind.

Bisweilen kommt es sogar vor, dass der Weiterverkauf einzelner Lieblingsteile ernsthaft erwogen werden muss. Und an wen wird verkauft? Es sind Schulkinder und Rentner, reiche Porschefahrer und Menschen mit kleinerem Portemonnaie, Zufalls- und treue Stammkunden. Genauso vielfältig wie das Sortiment ist eben auch die Kundschaft. Sogar Requisiteure aus der Film- und Fernsehwelt haben den Weg hierher schon gefunden. Wo sonst lassen sich Haushalts-, Gebrauchs- und Dekorationsgegenstände aus vergangenen Jahrzehnten finden?

Um wirklich alles zu sehen, jede Kuriosität zu bestaunen, bräuchte man sicherlich Stunden. Doch auch ein kleiner Streifzug kann großen Spaß bereiten und dabei so einige interessante Fundstücke zu Tage fördern. Bezahlt wird im ehemaligen Stall des Bauernhauses, dem die Inhaber, ganz im Sinne ihrer Philosophie, ein neues Leben schenkten und dessen mit Graffitikunst verschönertes Antlitz Vorbeifahrende neugierig machen soll. Worauf also warten? Anhalten, reingehen und genüsslich stöbern. Ein perfekter Samstagmorgen für die ganze Familie.

TIPP

Die „Wasserwelt" am Ortsausgang Richtung Leonbrunn besuchen und dabei den Lebensraum Bach erkunden.

● Das Haus der lieben Sachen, Leonbronner Straße 26, 74374 Zaberfeld, Tel. (01 63) 6 17 09 11, www.dashausderliebensachen.de
● ÖPNV: Haltestelle Zaberfeld Leonbronner Straße

Zartes Schokoglück

78

Ein Seminar in der Pralinenrose in Helmsheim

Die Begeisterung fürs Süße wurde Andrea Reindl vermutlich schon in die Wiege gelegt, doch zunächst ging sie beruflich ganz andere Wege. Erst als sie sich vor einigen Jahren beruflich nochmals neu erfinden und künftig etwas tun wollte, das sie voll und ganz erfüllt, traf sie der entscheidende Gedankenblitz: Ich mache von nun an Pralinen! Die Idee mit Glücksgefühlfaktor war geboren! Und so kam es, dass Andrea Reindl heute nach dem Überwinden etlicher Hürden auf den Spuren ihres Großvaters, eines leidenschaftlichen Konditors, wandelt und in ihrer kleinen Manufaktur Kunstwerke herstellt, die ein Hochgenuss für das Auge und den Gaumen sind.

Seit der Eröffnung der Pralinenrose 2017 bietet die Schokokünstlerin nun von September bis Mai Herstellungskurse für Laien an und verkauft die süßen „Seelenstreichler" selbstverständlich hübsch verpackt auch nach telefonischer Anmeldung direkt aus ihrer Werkstatt. Ob bunt geschminkt, würzig-nussig, frisch-fruchtig, exotisch-sinnlich, geschnitten oder geformt – alle Kreationen sind geschmacklich perfekt abgestimmt und zergehen leider viel zu schnell auf der Zunge.

TIPP

Das Pralinenabonnement sorgt für beständiges Schokoglück.

Dies ist vielleicht auch ein Grund dafür, weshalb das Adventskalenderseminar im November so beliebt ist. 24 Tage am Stück mit offizieller Erlaubnis selbst gemachte Schokoköstlichkeiten naschen, das klingt wirklich verlockend. Im Kurs darf jeder unter fachkundiger Anleitung und in kleiner und sehr persönlicher Runde stundenlang ausprobieren und werkeln. In der Mittagspause, in der sich die Rohlinge „entspannen" und dabei füllbar werden, sitzen die Teilnehmer bei Andrea Reindl ebenfalls äußerst entspannt um einen Tisch und werden von der Gastgeberin höchstpersönlich bekocht. Ein wirklich durchdachtes Seminarkonzept, denn nur dieses Sättigungsgefühl verhindert, dass beim Fertigstellen der zart schmelzenden Versuchungen allzu viele davon unmittelbar im Magen landen. Die sind aber auch echt lecker. Da ist es schwer zu widerstehen!

- Pralinenrose, Körbigweg 1a, 76646 Bruchsal-Helmsheim, Tel. (0 72 51) 4 41 26 55 www.pralinenrose.com
- ÖPNV: Haltestelle Helmsheim Bahnhof (von dort rund 15 Minuten Fußweg), Haltestelle Dossentalstraße (von dort 5 Minuten Fußweg)

Ein Stück Wildnis

79 Eine Kanutour auf der Enz

„O Fluß, mein Fluß im Morgenstrahl!" Ob der in Ludwigsburg geborene Dichter Eduard Mörike wohl die Enz im Sinn hatte, als er dieses Gedicht einst niederschrieb? Vermuten könnte man es und verdient hätte sie es, ist das weitgehend naturbelassene Flüsschen doch eine wahre Schönheit. Im nördlichen Schwarzwald noch eher wild und ungestüm, wird sie auf ihren 105 Kilometer Weg in Richtung Neckar immer ruhiger. Man könnte sagen, sie ist über weite Strecken wie fürs Paddeln gemacht und auch für weniger erfahrene Kanuten und Familien ein empfehlenswertes Gewässer.

Der Kanuverleih „Im Hexenwinkel" verfügt in Sachen Enz über reichlich Erfahrung, kennt sich bestens mit pegelabhängigen Vorgaben aus, kann hilfreiche Tipps und Einweisungen geben und verleiht selbstverständlich das komplette Equipment. Beim „Rundumsorglospaket" ist dann noch ein erfahrener Guide mit dabei. Doch ganz egal, ob geführt oder im Wesentlichen alleine, man wird den Ausflug garantiert lieben.

Die intakte und an vielen Stellen ungezähmte Natur, die teilweise dichte, dschungelartige Vegetation – ein kleines Stück bezaubernder Wildnis. Das satte Grün von Weiden, Erlen, Pappeln und anderen Ufergehölzen reicht unmittelbar bis ans Wasser heran, und ab und an ragt mal ein umgefallener Baum oder ein großer Ast ins Wasser hinein. Rotmilan und Bussard kreisen lautlos in der Luft, Nilgans, Schwan und Stockente gründeln gemütlich vor sich hin, und der eine oder andere Reiher schaut auf Nahrungssuche kurz vorbei. Sogar der Eisvogel, als seltene und bedrohte Art, schwirrt hier herum und geht hungrig auf Beutefang. Es macht einen riesigen Spaß, nach den gefiederten Enzbewohnern Ausschau zu halten, sich dabei von der sachten Strömung mitnehmen und treiben zu lassen und bei Licht- und Schattenspiel die wohltuende Ruhe zu genießen. Auch ein Urlaubstag in der Ferne könnte nicht erholsamer sein.

TIPP

Im Wirtshaus zur Hexenscheuer mit Biergarten kann man anschließend gemütlich einkehren.

● Im Hexenwinkel, Kanuverleih und Kanuevents, Schweizer Straße 10–12, 75446 Wiernsheim, Tel. (01 71) 7 10 95 84 (Kanuhotline), www.hexenwinkel.de (Für die Rückkehr von der Tour ist eventuell ein Auto nötig.)

Lichterglanz und Waffelduft

80 Auf dem Weihnachtsmarkt in Bad Wimpfen

Endlich ist es dunkel und die unzähligen Glühbirnchen an Dächern, Mauern und Türmen tauchen die Stadtsilhouette von Bad Wimpfen in ein stimmungsvolles Licht. Wie magisch wird der Besucher schon von Weitem davon angezogen. Kurz hinter den Toren der mittelalterlichen Stadt stehen bereits die ersten mit Lichtern festlich geschmückten Weihnachtsbäume, und man fühlt sich wieder ein kleines bisschen wie in der Kindheit, als die brennenden Kerzen am Baum die heiß ersehnte Bescherung ankündigten. Vorfreude pur! Und dann, nach wenigen Schritten, steht man mittendrin in den herrlich verwinkelten Gassen und auf Plätzen, die liebevoll in Szene gesetzt in vollem Weihnachtsglanz erstrahlen, und schnuppert den verführerischen Duft von Gebratenem und frischen Waffeln. Herrlich!

TIPP

Bad Wimpfen mit der denkmalgeschützten Altstadt und den kleinen Boutiquen ist immer eine Reise wert!

Der Altdeutsche Weihnachtsmarkt in Bad Wimpfen ist übrigens nicht nur einer der schönsten, sondern auch einer der ältesten Deutschlands, denn schon seit 1487, als Kaiser Friedrich III. der Stadt das entsprechende Privileg verlieh, wird hier in der Vorweihnachtszeit Markt gehalten. Eine Tradition, die nach wie vor unübersehbar im Vordergrund steht. Es gibt in Bad Wimpfen kein Riesenrad, keine „fliegenden Rentiere“ und keine Kunsteisbahn, sondern schlicht einladende Stände mit einem bunten Angebot an Essbarem, Schönem und Nützlichem.

Ob hochwertige Öle, silbernes Geschmeide oder kuschelige Decken, bei dieser einzigartigen Fülle an potenziellen Geschenken wird wohl jeder fündig. Wem vom Bummeln durch die unvergleichliche Stadtkulisse noch nicht ausreichend warm ums Herz geworden ist, der kann sich in den geöffneten Läden, Galerien und gemütlichen Cafés wärmen, bevor das Noch-nicht-Gesehene unweigerlich wieder ins Freie lockt. Mit etwas Glück hört man draußen die Turmbläser Choräle vom Blauen Turm spielen und trifft auf das Christkind, das zusammen mit dem Nikolaus kleine Geschenke verteilt. Glückliche Kinder und strahlende Gesichter überall – diesem einzigartigen Weihnachtsmarktzauber erliegt wohl jeder!

- Weihnachtsmarkt Bad Wimpfen, 74206 Bad Wimpfen, Tel. (0 70 63) 9 72 00 (Kultur- und Touristinformation)
- ÖPNV: Haltestelle Bad Wimpfen Bahnhof

Gasthaus
Barbarossa

Für meinen Vater, mit dem ich meine ersten Streifzüge durch das Land der 1000 Hügel unternommen habe und der nun schon so furchtbar lange in meinem Leben fehlt.

Ein Riesendankeschön an meinen Mann, ohne den es dieses Buch nicht gäbe und der mich in so vielfacher Weise unterstützt hat. Danke an jeden, mit dem ich nette Gespräche führen durfte, der einen Tipp für mich bereithielt oder der mich in irgendeiner Form beim Erstellen dieses Buches unterstützt hat, und nicht zuletzt an meine Ansprechpartnerin im Verlag und meine Lektorin.

Bibliografische Informationen der Deutschen Nationalbibliothek
Die Deutsche Nationalbibliothek verzeichnet diese Publikation in der Deutschen Nationalbibliografie; detaillierte bibliografische Daten sind im Internet über http://dnb.d-nb.de abrufbar.

2., aktualisierte Auflage 2024
Konzeption/Satz: Droste Verlag, Düsseldorf
Einbandgestaltung und Illustrationen: Britta Rungwerth, Düsseldorf, unter Verwendung von Bildern von © Fotolia.com: jd - photodesign.de; © iStock: Ploclennik Robert
Fotos: Karen Pietsch, außer:
S. 11: Straußenhof Gottesau; S. 13: Sternle am Schlossbergturm; S. 17: Thermarium GmbH & Co. KG Bad Schönborn / Dennis Rauscher Photography; S. 21: Hans-Joachim Vogt; S. 39: CitySeg; S. 41: Stadt Sinsheim; S. 47: Daniel Nakhla; S. 53: Kaffeemühlenmuseum Wiernsheim; S. 63: Thermen & Badewelt Sinsheim; S. 67: Kraichtal Esel; S. 81: Staatliche Schlösser und Gärten Baden-Württemberg / Alexandra Müller; S. 85: einzigArt / Walter Batzler; S. 87: Frank Hofmann; S. 89: Gugg-e-mol Kellertheater / Judith Fritz; S. 97: Astronomiepark Kraichtal; S. 107: Sommer am See; S. 109: Eric Tschernow, Berlin; S. 115: Achim Mende; S. 117: Burg Guttenberg / Marcel Tschamke Photography; S. 119: BECKEREI Hofwirtschaft; S. 145: Ludwighof Hoffenheim / Laura Brecht; S. 147: Erstes Deutsches Zuckerbäckermuseum; S. 157: Tim Kaun; S. 159: Hans Peter Holnsteiner über Pixabay; S. 161: Haus der lieben Sachen / Martina Weiss; S. 163: Pralinenrose
Textlektorat: Ute König, Kitzingen

MIX
Papier | Fördert gute Waldnutzung
FSC® C011279
FSC www.fsc.org

Druck und Bindung: LUC GmbH, Greven
ISBN 978-3-7700-2370-7

www.droste-verlag.de